TRAITÉ

D'ARCHITECTURE

PARIS. — IMPRIMERIE SIMON RAÇON ET COMP., RUE D'ERFURTH, 1.

TRAITÉ
D'ARCHITECTURE

PREMIÈRE PARTIE

ART DE BATIR

ÉTUDES SUR LES MATÉRIAUX DE CONSTRUCTION ET LES ÉLÉMENTS DES ÉDIFICES

PAR

M. LÉONCE REYNAUD

INSPECTEUR GÉNÉRAL DES PONTS ET CHAUSSÉES, PROFESSEUR D'ARCHITECTURE A L'ÉCOLE POLYTECHNIQUE, ETC.

TROISIÈME ÉDITION

PLANCHES

DUNOD, ÉDITEUR

LIBRAIRE DES CORPS IMPÉRIAUX DES PONTS ET CHAUSSÉES ET DES MINES

49, QUAI DES GRANDS-AUGUSTINS, 49

PARIS — 1867

TRAITÉ D'ARCHITECTURE.

PREMIÈRE PARTIE.

TABLE DES PLANCHES.

NUMÉROS DES FIGURES.	NUMÉROS DES PLANCHES ET SUJETS DES FIGURES.	PAGES DU TEXTE.
	PLANCHE 1.	
1 à 11, 18 et 19	Résistance des corps à la rupture..	150 à 147
12	Fondations sur le roc.	152
13	Fondations sur pilotis.	153
14	Fondations par caissons.	157
15	Fondations sur massifs de béton.	158
16	Fondations sur piles.	155
17	Disposition des empatements de fondations.	167
20	Fondations tubulaires.	158 à 165
	PLANCHE 2.	
1	Constructions cyclopéennes.	169
2 à 5	Constructions en pierre de taille de l'antiquité grecque et de l'antiquité romaine.	171
6	Ruptures par suite d'irrégularités dans la taille des lits des pierres.	170
7 et 8	Dispositions de moellons..	172
8 à 11	Dispositions de briques..	172
12	Opus incertum.	173
13	Opus reticulatum.	174
14	Maçonnerie de blocage avec revêtement en briques et moellons.	174
15	Maçonnerie de blocage avec revêtement en briques triangulaires.	174
16	Mur de soutènement paremented en pierres de taille..	175
17	Construction graphique relative à l'épaisseur des murs.	180
18	Brique tubulaire..	37
	PLANCHE 3.	
1 et 2	Murs de soutènement avec contre-forts extérieurs.	187
3 à 6	Refends et bossages.	190 et 191
7	Mur exécuté en maçonnerie mixte.	177
8 et 9	Décoration des murs.	192
	PLANCHE 4.	
1 à 3	Dispositions de colonnes et d'entablements.	195 et 196
4	Disposition d'une architrave.	196
5	Dés en bois des colonnes du Parthénon.	196
6	Mode de construction d'entablement.	197
7	Inclinaison des axes des colonnes.	203
8 à 12	Galbes de colonnes.	204 à 206

NUMÉROS DES FIGURES.	NUMÉROS DES PLANCHES ET SUJETS DES FIGURES.	PAGES DU TEXTE.
	PLANCHE 5.	
1 à 12	Moulures.	209 et 210
13 et 14	Forme scientifique des moulures	211
15 et 16	Entablement en charpente et disposition générale d'une corniche en pierre.	226 à 228
	PLANCHE 6.	
1 à 10	Ornements tirés de divers monuments de l'antiquité.	212 à 214
	PLANCHE 7.	
1	Colonnes d'ordre dorique.	235
2	Colonnes d'ordre ionique.	235 et 250
3	Colonnes d'ordre corinthien.	235 et 264
	PLANCHE 8.	
1 à 3	Chapiteau et entablement doriques.	255
	PLANCHE 9.	
1 et 2	Base et piédestal doriques.	256
3 et 4	Décoration des fûts de colonnes doriques.	
	PLANCHE 10.	
1 à 4	Chapiteau et entablement ioniques.	250 à 252
5 à 8	Tracé de la volute ionique.	
	PLANCHE 11.	
1 et 2	Base et piédestal ioniques.	
3 et 4	Chapiteau et base d'un pilastre ionique.	250
5	Base ionique de Vitruve.	
	PLANCHE 12.	
1 et 2	Chapiteau et entablement corinthiens.	255 et 264
3 et 4	Chapiteau d'un pilastre corinthien.	270
5 à 7	Détails de la corniche.	264
	PLANCHE 13.	
1 et 2	Base et piédestal corinthiens.	265
3 à 6	Cannelures de colonnes ioniques et corinthiennes.	252 et 265
	PLANCHE 14.	
1 à 4	Élévation et détails du temple de Neptune, à Pœstum.	225 à 229 et 327
	PLANCHE 15.	
1	Détail des colonnes, des antes et de l'entablement de l'intérieur du pronaos du temple de Neptune, à Pœstum.	
2	Détail des annelets et de l'astragale des colonnes extérieures de ce temple.	225 à 229
3	Plan de ce temple.	

NUMÉROS DES FIGURES.	NUMÉROS DES PLANCHES ET SUJETS DES FIGURES.	PAGES DU TEXTE.
4	Détail de l'ordre extérieur du Parthénon.	
5	Plan des mutules de la corniche.	
6	Détail des annelets des colonnes.	229 et 230
7	Plan du Parthénon.	

PLANCHE 16.

| » | Élévation du Parthénon. . . . . | 229 et 327 |

PLANCHE 17.

| 4 à 7 | Élévation, plan et détails du temple d'Hercule, à Cora. . . . . | 230, 270 et 327 |

PLANCHE 18.

1	Ordre dorique du théâtre de Marcellus, à Rome.	252
2	Ordre dorique mutulaire de Vignole.	233
3	Ordre dorique de Jean Bullant.	
4	Ordre toscan de Serlio.	239

PLANCHE 19.

| 1 à 4 | Élévation, plan et détails du temple de Junon Matuta, à Rome. . . . . | 258 et 237 |

PLANCHE 20.

| 1 à 7 | Élévation, plan et détails du temple d'Érechthée, à Athènes. . . . . | 242 à 245, 270, 303, 325 et 341 |

PLANCHE 21.

| 1 à 5 | Élévation, plan et détails du temple de la Fortune virile, à Rome. . . . . | 247 et 325 |

PLANCHE 22.

1	Ordre ionique du portique du Forum triangulaire, à Pompéi.	246
2	Ordre ionique de Scamozzi.	
3	Ordre ionique du temple de l'Espérance, à Rome.	248
4	Ordre ionique du théâtre de Marcellus, à Rome.	
5 et 6	Élévation et plan d'un chapiteau ionique du temple d'Apollon, à Bassæ.	246 et 258
7	Fragment du plan de ce temple.	
8 et 9	Élévations d'un chapiteau phénicien.	241
10	Palmette du grand vase d'Amathonte.	241

PLANCHE 23.

| 1 à 5 | Élévation, plan et détails du temple de Vesta, à Tivoli. . . . . | 261, 305, 308 et 341 |

PLANCHE 24.

| 1 à 7 | Élévation, plan et détails du temple de Minerve, à Assise. . . . . | 261 et 329 |

PLANCHE 25.

1	Ordre corinthien du monument choragique de Lysicrates, à Athènes.	259
2	Ordre corinthien de l'arc de triomphe de Titus, à Rome.	263
3	Ordre corinthien du Colisée, à Rome.	264
4	Ordre corinthien de Bramante.	267
5	Chapiteau tiré de l'intérieur du temple d'Apollon, à Bassæ.	258
6	Chapiteau corinthien du temple de Diane Laphria, à Messène.	266
7	Chapiteau corinthien du portique des Douze-Dieux, à Rome.	267

NUMÉROS DES FIGURES.	NUMÉROS DES PLANCHES ET SUJETS DES FIGURES.	PAGES DU TEXTE.
	PLANCHE 26.	
1 à 6	Élévation principale, fragment d'élévation latérale, et détails des cariatides du Pandroséion, dans l'Acropolis d'Athènes..	242 et 275 à 280
7	Cariatides de Jean Goujon, au Louvre...........................	
	PLANCHE 27.	
1	Arcades sur pieds-droits avec refends ou bossages............	281 à 288
2	Arcades sur pieds-droits avec impostes et archivoltes..........	
3	Arcades sur colonnes....................................	289 à 293
4	Détail de la corniche de la figure 1........................	284
5 à 7	Détail de l'archivolte, de l'imposte et de la corniche de la figure 2........	
8 et 9	Détails de l'archivolte et de la corniche de la figure 3.............	291
	PLANCHE 28.	
1	Arcades de l'église de Saint-Laurent, à Rome, par Bramante...........	288
2	Arcades du palais de Venise, à Rome........................	293
	PLANCHE 29.	
1	Arcades avec colonnes doriques............................	
2	Arcades avec colonnes ioniques...........................	
3	Arcades avec colonnes corinthiennes.......................	294 à 296
4 à 6	Détails des impostes et des archivoltes des figures 1, 2 et 3.........	
7 et 8	Clefs d'arcades..	
	PLANCHE 30.	
1	Fragment de l'élévation d'un portique du château des Tuileries, par Philibert Delorme.....	298
2	Fragment du plan de ce portique..........................	
3	Fragment du portique du premier étage de la basilique de Vicence, par Palladio..........	296
4	Fragment du plan de ce portique..........................	
5	Détail d'une des colonnes du portique de la figure 1..............	254
6	Colonne du rez-de-chaussée de l'aile du Louvre, sur le quai..........	238
	PLANCHE 31.	
1 à 7	Diverses formes de fenêtres..............................	301 à 304
	PLANCHE 32.	
1 et 2	Fenêtres du temple de Vesta, à Tivoli.......................	
3	Fenêtres du palais de la Chancellerie, à Rome, par Bramante...........	
4	Fenêtres du palais Massimi, à Rome, par B. Peruzzi...............	308 à 310
5	Fenêtre du palais Sacchetti, à Rome, par San Gallo..............	
6	Fenêtre de la cour du Louvre, par Pierre Lescot.................	
	PLANCHE 33.	
1	Porte d'un temple d'Agrigente............................	
2	Porte du temple de Vesta, à Tivoli........................	
3	Porte du temple d'Hercule, à Cora........................	304 à 306
4	Porte du temple de l'Érechthéion, à Athènes.................	
	PLANCHE 34.	
1	Porte du palais Massimi, à Rome, par B. Peruzzi................	306
2	Porte de l'église de Saint-Michel, à Bologne, par B. Peruzzi..........	

NUMÉROS DES FIGURES	NUMÉROS DES PLANCHES ET SUJETS DES FIGURES.	PAGES DU TEXTE.
3	Porte du palais de la Chancellerie, à Rome, par Vignole..	307
4	Porte d'après Serlio.	
	PLANCHE 35.	
1 et 2	Portes en arcades avec pilastres.	
3	Porte dans l'arsenal de Venise, par San-Micheli..	308
4	Porte d'après Serlio.	
	PLANCHE 36.	
1	Fragment de l'élévation du palais de la Chancellerie, à Rome, par Bramante.	
2	Détail du soubassement de ce palais.	343 et 314
3	Pavillon du Louvre, dit de Charles IX.	
	PLANCHE 37.	
1	Fragment de l'élévation d'un palais de Vicence, par Palladio..	318 et 319
2	Fragment de l'élévation du palais de l'École des beaux-arts, à Paris..	325
3 à 6	Détails de cette élévation.	
	PLANCHE 38.	
1	Plan d'une partie de la façade du Louvre, sur la cour.	
2	Élévation restaurée d'une partie de la façade du Louvre, sur la cour.	319 à 323
3 à 6	Détails de cette façade.	
	PLANCHE 39.	
1	Corniche du palais de la Chancellerie, à Rome, par Bramante.	
2	Corniche du château de Caprarola, par Vignole.	
3	Corniche du Louvre..	324 et 325
4	Corniche d'une église dans le faubourg du Peuple, à Rome, par Vignole.	
5	Corniche de l'église du Rédempteur, à Venise, par Palladio.	
	PLANCHE 40.	
1	Corniche de l'enceinte du temple de Mars Vengeur, à Rome.	
2	Corniche du pont de Rimini.	326
3	Corniche du pont Saint-Michel, à Paris..	
4	Corniche du viaduc de Dinan..	
	PLANCHE 41.	
1 et 2	Parapet en pierre.	
3 à 9	Barrières en marbre de l'architecture romaine.	
10 et 11	Balustrade du petit palais Farnèse, à Rome, par B. Peruzzi.	333 à 337
12 et 13	Balustrade du château de Caprarola, par Vignole.	
13 à 17	Divers dessins de balustrades en pierre, en briques ou en tuiles.	
	PLANCHE 42.	
1	Plan et coupe des caissons du pronaos du temple de Thésée, à Athènes.	
2	Plan et coupe d'un des caissons du pronaos du temple de l'Érechthéion, à Athènes..	
3	Plan et coupe d'un des caissons du portique du temple de Mars Vengeur, à Rome.	
4	Plan et coupe des caissons du portique du temple de Vesta, à Tivoli.	340 à 345
5	Plafond d'un des escaliers du Louvre, par Jean Goujon.	

NUMÉROS DES FIGURES.	NUMÉROS DES PLANCHES ET SUJETS DES FIGURES.	PAGES DU TEXTE.
6	Coupes de ce plafond.	545
7	Soffite du portique des Douze-Dieux, à Rome.	
	PLANCHE 43.	
1 à 15	Dispositions de voûtes.	547 à 552
	PLANCHE 44.	
1 à 12	Divers modes de rupture des voûtes.	354 à 358 et 574 à 377
13	Coupe du trésor d'Atrée, à Mycènes.	345
14 et 15	Procédé graphique pour faciliter les calculs relatifs à la poussée des voûtes.	358 à 562
16	Fragment de coupe de l'abbaye des Hommes, à Caen.	462
17 à 19	Coupe, détails et fragment du plan de l'église Saint-Ouen, à Rouen.	579
	PLANCHE 45.	
1 à 12	Tracés de courbes des pressions.	565 à 574
	PLANCHE 46.	
1 et 2	Coupes d'une voûte en berceau décorée d'arcs doubleaux.	
3 et 4	Coupes d'une voûte en berceau décorée de caissons.	
5 et 6	Développement et coupe des caissons de l'arc de Titus, à Rome.	
7 et 8	Développement et coupe des caissons de la grande voûte de l'arc de triomphe de l'Étoile, à Paris.	382 à 388
9 et 10	Développement et coupe des caissons des arcs doubleaux de la grande voûte en berceau de Saint-Pierre de Rome.	
11 et 12	Développement et coupe de caissons octogones.	
13	Développement de la moitié d'une des voûtes des stanze du Vatican, par Raphaël.	
	PLANCHE 47.	
1 à 3	Décoration de voûtes d'arête.	
4 et 5	Décoration de voûtes en arc de cloître.	
6	Coupe et élévation du dôme de Saint-Pierre de Rome.	
7 à 9	Détails des contre-forts, des arcs doubleaux et des nervures extérieures de ce dôme.	389 à 395
10	Tracé des caissons dans les voûtes sphériques.	
11	Décoration des culs-de-four sur pendentifs.	
	PLANCHE 48.	
1 et 2	Marches soutenues par leurs deux extrémités.	
3 et 4	Marches supportées par une voûte en descente.	
5 et 6	Escalier circulaire à noyau plein.	
7 et 8	Escalier soutenu par une voussure.	
9 et 10	Fragments de plan et d'élévation latérale d'un escalier suspendu à limon.	597 à 405
11 et 12	Fragments de plan et d'élévation latérale d'un escalier suspendu sans limon.	
13	Formule graphique relative aux proportions à observer entre les largeurs et les hauteurs des marches.	
	PLANCHE 49.	
1 à 5	Antéfixes antiques.	
6 à 13	Fragments et détails d'une couverture antique.	412 et 415
14 et 15	Chéneaux antiques en terre cuite.	

NUMÉROS DES FIGURES.	NUMÉROS DES PLANCHES ET SUJETS DES FIGURES.	PAGES DU TEXTE.
16 à 19	Fragments et détails de la couverture en marbre blanc du temple de Némésis, à Rhamnus....	419 et 420
20 à 24	Détails de la couverture du portique d'Octavie, à Rome.	

PLANCHE 50.

1 à 3	Couvertures en tuiles alternativement creuses et plates.	
4 à 6	Couvertures en tuiles creuses.	
7	Couvertures en tuiles plates à rebords.	
7 à 10	Couvertures en tuiles flamandes.	414 à 419
11 à 13	Couvertures en tuiles plates.	
14 à 16	Égouts en tuiles.	
17	Tuiles en écailles de poisson.	
18 à 25	Couvertures en tuiles à emboîtements.	

PLANCHE 51.

1 à 4	Couvertures en ardoises.	420 à 424
5 à 9	Couvertures en pierres de taille.	
10, 11, 21, 22 et 23	Couvertures en plomb.	
12 à 14	Couvertures en cuivre.	575 à 585
15 à 20 et 24 à 29	Couvertures en zinc.	

PLANCHE 52.

1	Toiture de la chapelle du château de Versailles.	
2	Couronnement d'un toit du château de Versailles.	428
3 et 4	Crêtes en plomb du château de Meillan et du palais de justice de Rouen.	
5	Tuyau de cheminée du palais du Louvre.	

PLANCHE 53.

1 à 32	Assemblages de charpente.	430 à 434

PLANCHE 54.

1 à 10	Dispositions de pans de bois.	434 à 437

PLANCHE 55.

1 à 4	Plan, élévation et détails du phare de l'Ontaillac.	437

PLANCHE 56.

"	Maison à Lisieux.	440

PLANCHE 57.

1 à 12	Dispositions de planchers.	442 à 444

PLANCHE 58.

1 à 6	Dispositions de planchers en cas d'insuffisance de longueur dans les pièces de bois.	444 et 445

PLANCHE 59.

1 à 6	Poutres armées.	445 à 449
7 à 10	Remplissages de planchers.	

NUMÉROS DES FIGURES.	NUMÉROS DES PLANCHES ET SUJETS DES FIGURES.	PAGES DU TEXTE.
	PLANCHE 60.	
1 à 12	Décorations de planchers.	451 à 454
	PLANCHE 61.	
1 et 2	Moitié du plan et profil d'un plafond du palais Vieux, à Florence.	454 et 455
3 et 4	Moitié du plan et profil du plafond de la chambre de Henri II, au Louvre	
	PLANCHE 62.	
1 et 2	Fragments de plan et de coupe d'un plafond du palais Vieux, à Florence.	455
	PLANCHE 63.	
1 à 7	Fermes en charpente.	458 à 461
	PLANCHE 64.	
1 à 5	Fermes en charpente.	461 et 462
	PLANCHE 65.	
1 à 5	Fermes sans tirants.	462
	PLANCHE 66.	
1 à 6	Fermes droites pour toitures peu inclinées.	463
	PLANCHE 67.	
1 et 2	Combles à la Mansard.	464
3 à 5	Fermes à la Philibert Delorme.	464 à 469
	PLANCHE 68.	
1 et 2	Système de fermes du colonel Émy.	469 à 472
3 à 5	Système de fermes de Lacaze.	
	PLANCHE 69.	
1 à 7	Dispositions et détails de croupe droite et de noue.	472 et 476
	PLANCHE 70.	
1 à 4	Plafond de la basilique de Sainte-Marie-Majeure, à Rome.	482
	PLANCHE 71.	
1 et 2	Élévation et plan d'une travée de la charpente de la basilique de San-Miniato, près de Florence.	483 et 484
3 à 6	Élévation, plan d'une travée et détails de la charpente de l'ancienne salle d'attente du chemin de fer du Nord, à Paris.	
	PLANCHE 72.	
1 à 14	Dispositions et détails d'escaliers en charpente.	486 à 489

NUMÉROS DES FIGURES	NUMÉROS DES PLANCHES ET SUJETS DES FIGURES.	PAGES DU TEXTE.
	PLANCHE 73.	
1 à 4	Modes de débit des planches.	82 à 86
5 à 14	Assemblages de menuiserie.	491 à 494.
15 à 20	Dispositions de parquets.	494 à 496
	PLANCHE 74.	
1 à 14	Dispositions et détails de lambris.	496 à 501
	PLANCHE 75.	
1 à 15	Dispositions et détails de portes en menuiserie.	501 à 505
	PLANCHE 76.	
1 à 14	Dispositions et détails de châssis vitrés.	506 à 511
	PLANCHE 77.	
1 à 12 et 15 à 17	Assemblages de pièces de fer.	
13	Étrier en fer. .	
14	Plate-bande et ancre en fer.	517 à 525
18 à 26	Assemblages de feuilles de tôle.	
	PLANCHE 78.	
1 à 6	Élévation, coupe et plans du phare des Roches-Douvres.	
7 à 15	Détails des assemblages.	530 à 534
	PLANCHE 79.	
1 à 3	Plans et élévation du Phare de Walde.	
4 à 12	Détails des assemblages.	534 et 535
	PLANCHE 80.	
1 à 3	Élévation, coupe et détails d'un portique exécuté en fonte et en bois.	
4 à 9	Élévation, coupe et détails d'un portique en fer.	558 et 559
10 à 15	Coupe et détails d'un auvent en fer forgé.	
16 et 17	Coupe et baldaquin d'un auvent en fonte.	567 et 568
18 à 22	Détails d'escaliers en fonte.	572 et 573
	PLANCHE 81.	
1 à 14	Plans, coupes et détails de la grande salle de la bibliothèque Sainte-Geneviève, à Paris. . .	540 à 543
	PLANCHE 82.	
1 à 4	Poutres armées en fer.	
5 et 6	Poutres en fer. . .	
7 et 8	Fers à double T.	
9	Poutre jumelle à double T.	
10 à 15	Poutres en tôle.	544 à 554
16 et 17	Poitrails en fer à double T.	
18	Assemblage de solives à double T.	
19 à 21	Poutres en fonte.	
24 à 31	Plan et détails de planchers en fer.	
32	Cornière pliée et fortifiée dans l'angle.	521

NUMÉROS DES FIGURES	NUMÉROS DES PLANCHES ET SUJETS DES FIGURES.	PAGES DU TEXTE.
	PLANCHE 83.	
1 à 15	Coupes et détails de la charpente de l'ancienne gare du chemin de fer du Nord, à Paris.	557 à 559
	PLANCHE 84.	
1 à 6	Coupes et détails de la charpente de la gare du chemin de fer de Paris à Lyon, à Paris. . .	559 à 561
7 à 14	Coupes et détails de la charpente de la gare du chemin de fer de Saint-Germain, à Paris. . .	
	PLANCHE 85.	
1 à 9	Coupes et détails de la charpente du marché du Château-d'Eau, à Paris.	562 et 563
	PLANCHE 86.	
1 à 4	Coupes et détails d'une charpente en fonte projetée pour une gare de chemin de fer.	564
	PLANCHE 87.	
1 et 2	Grille du château de Fontainebleau.	
3 et 4	Grille du Palais public, à Sienne.	
5	Grille du cirque des Champs-Élysées, à Paris.	568 à 571
6 et 7	Grille de l'ancienne cour du chemin de fer du Nord, à Paris	
8 à 10	Balustrade de la colonne de Juillet, à Paris.	

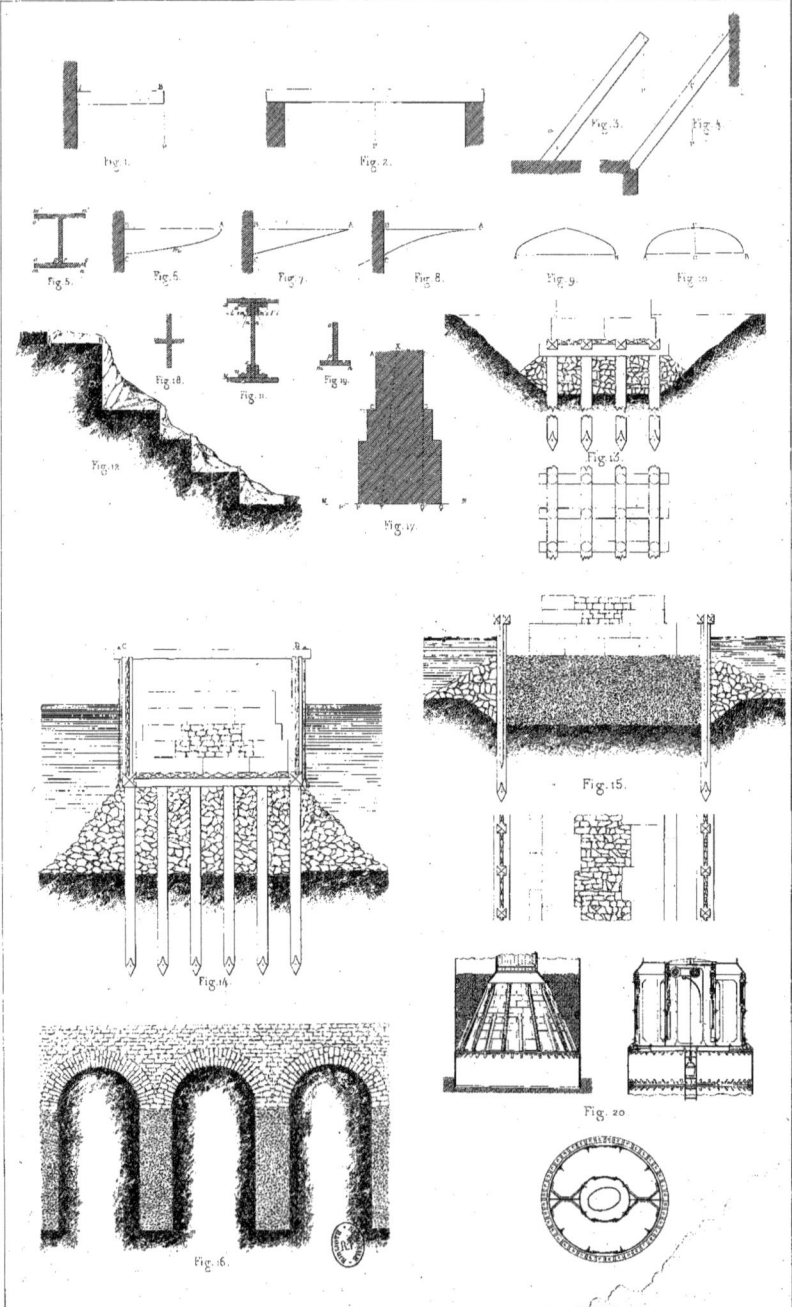

Fig. 1. — Fig. 2. — Fig. 3. — Fig. 4. — Fig. 5. — Fig. 6. — Fig. 7. — Fig. 8. — Fig. 9. — Fig. 10. — Fig. 18. — Fig. 11. — Fig. 19. — Fig. 13. — Fig. 12. — Fig. 17. — Fig. 15. — Fig. 14. — Fig. 16. — Fig. 20.

RÉSISTANCE DES MATÉRIAUX ET FONDATIONS.

Imprimerie de WURM, rue des Augustins 40.

Fig. 1.

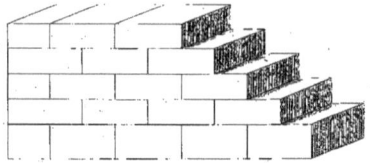

Fig. 2.

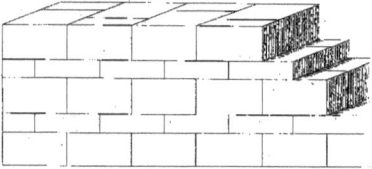

Fig. 3.

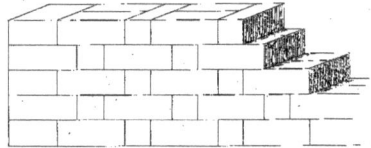

Fig. 4.

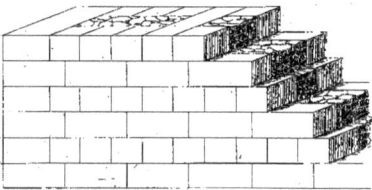

Fig. 5.

Fig. 6.

Fig. 7.

Fig. 8.

Fig. 9.

Fig. 10.

Fig. 11.

Fig. 18.

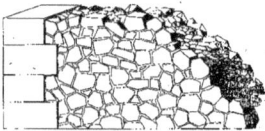

Fig. 12.

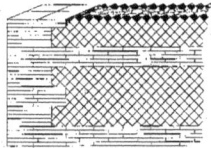

Fig. 13.

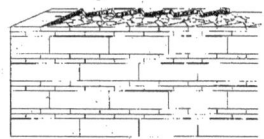

Fig. 14.

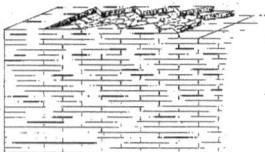

Fig. 15.

Fig. 16.

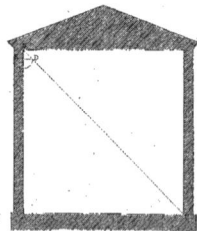

Fig. 17.

E. Ollivier sc.

MURS.

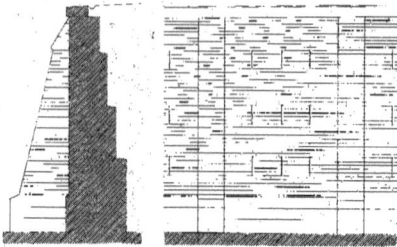
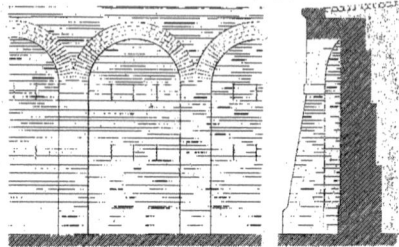

Fig. 1.   Fig. 2.

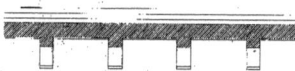

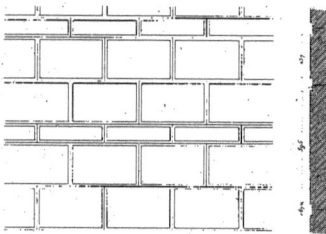
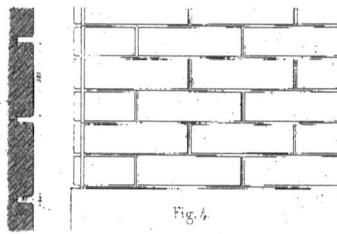

Fig. 3.   Fig. 4.

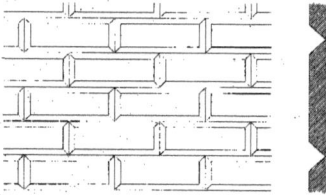
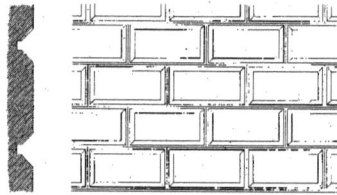

Fig. 5.   Fig. 6.

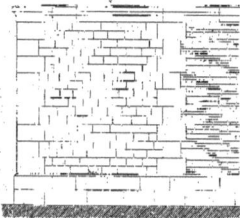
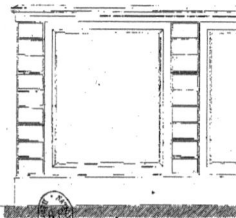
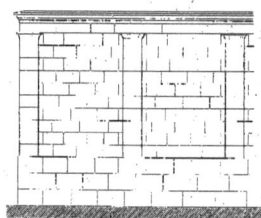

Fig. 7.   Fig. 8.   Fig. 9.

E.Ollivier sc.

MURS.

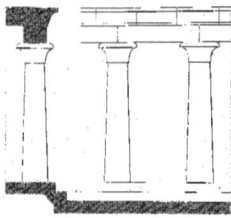

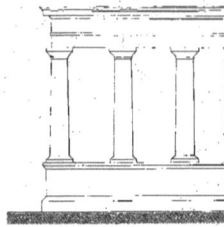

Fig. 1   Fig. 2   Fig. 3

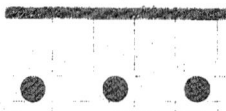

Fig. 5

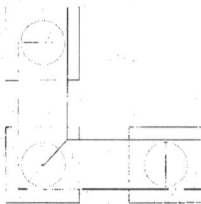

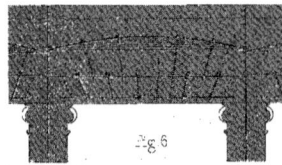

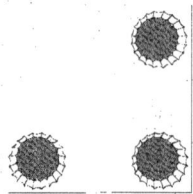

Fig. 4   Fig. 6   Fig. 7

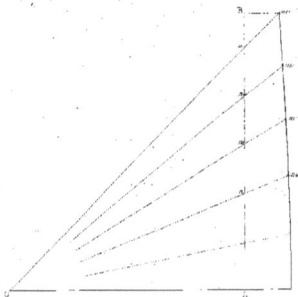

Fig. 8   Fig. 9   Fig. 10   Fig. 11   Fig. 12

COLONNES.

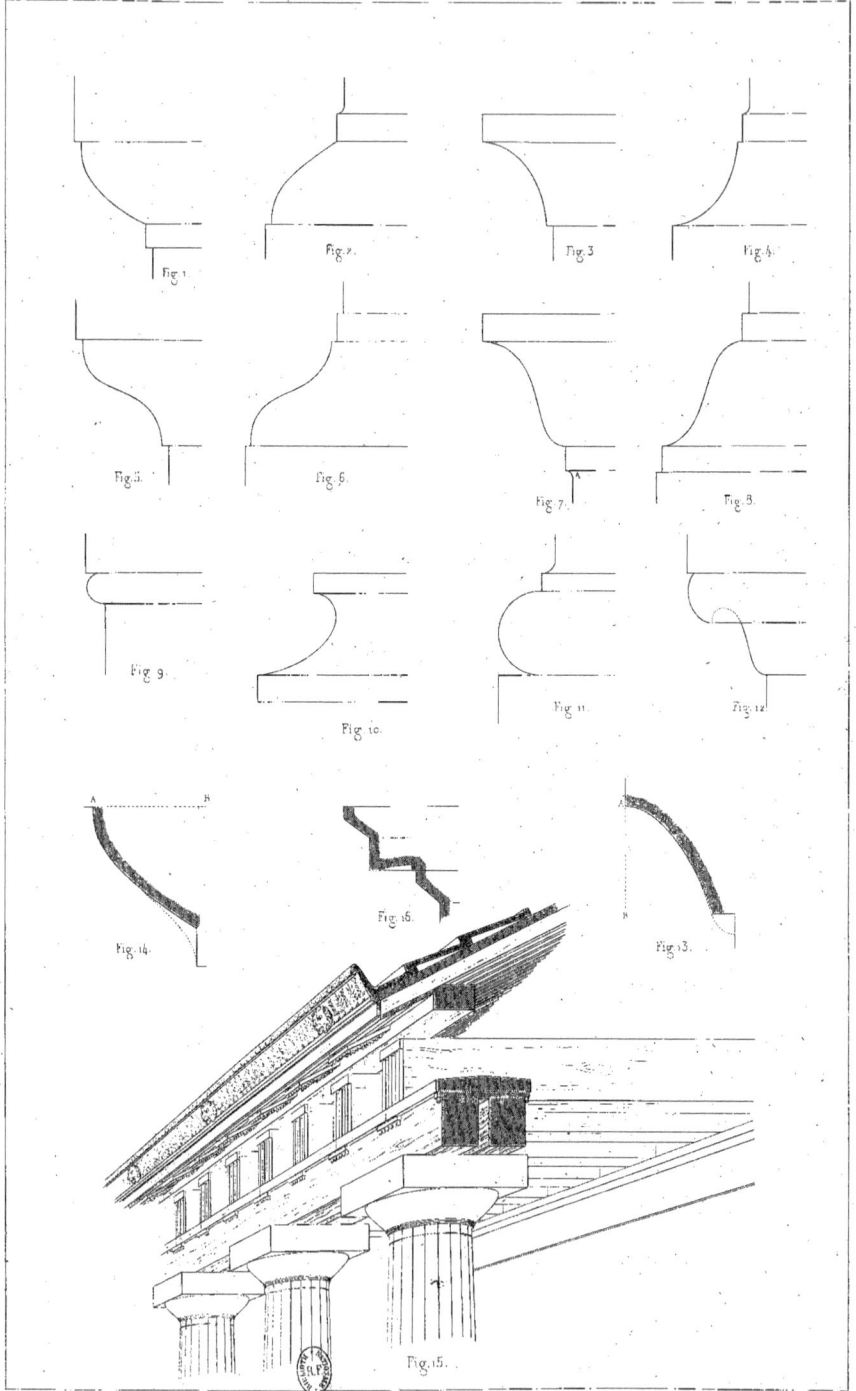

Fig. 1.

Fig. 2.

Fig. 3.

Fig. 4.

Fig. 5.

Fig. 6.

Fig. 7.

Fig. 8.

Fig. 9.

Fig. 10.

Fig. 11.

Fig. 12.

Fig. 14.

Fig. 16.

Fig. 13.

Fig. 15.

MOULURES.

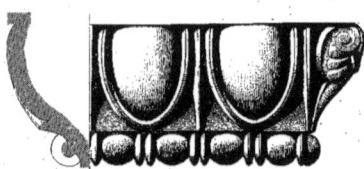

Fig. 1.

Fig. 2.

Fig. 3.

Fig. 4.

Fig. 5.

Fig. 6.

Fig. 7.

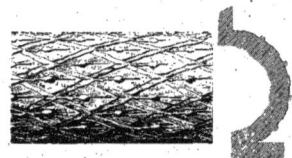

Fig. 8.

Fig. 9.

Fig. 10.

MOULURES ORNÉES.

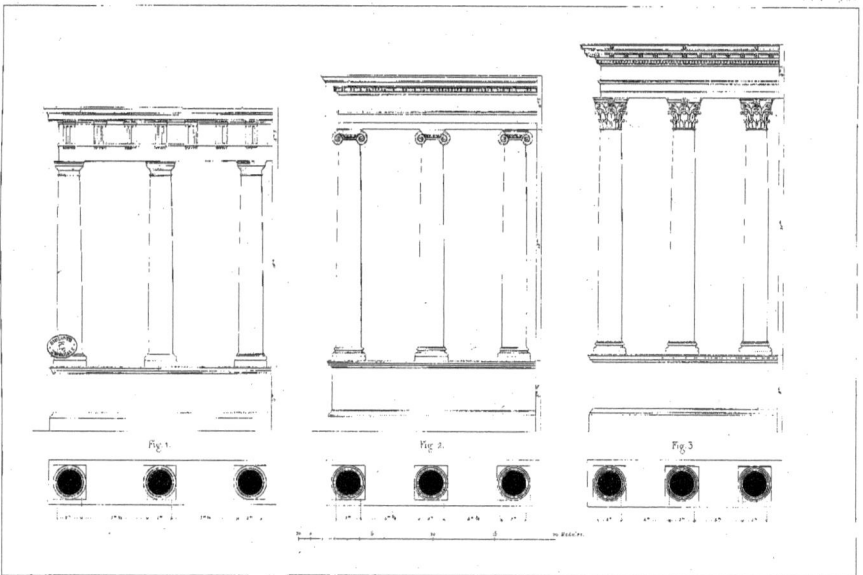

Fig. 1.   Fig. 2.   Fig. 3.

ORDRES DE COLONNES.

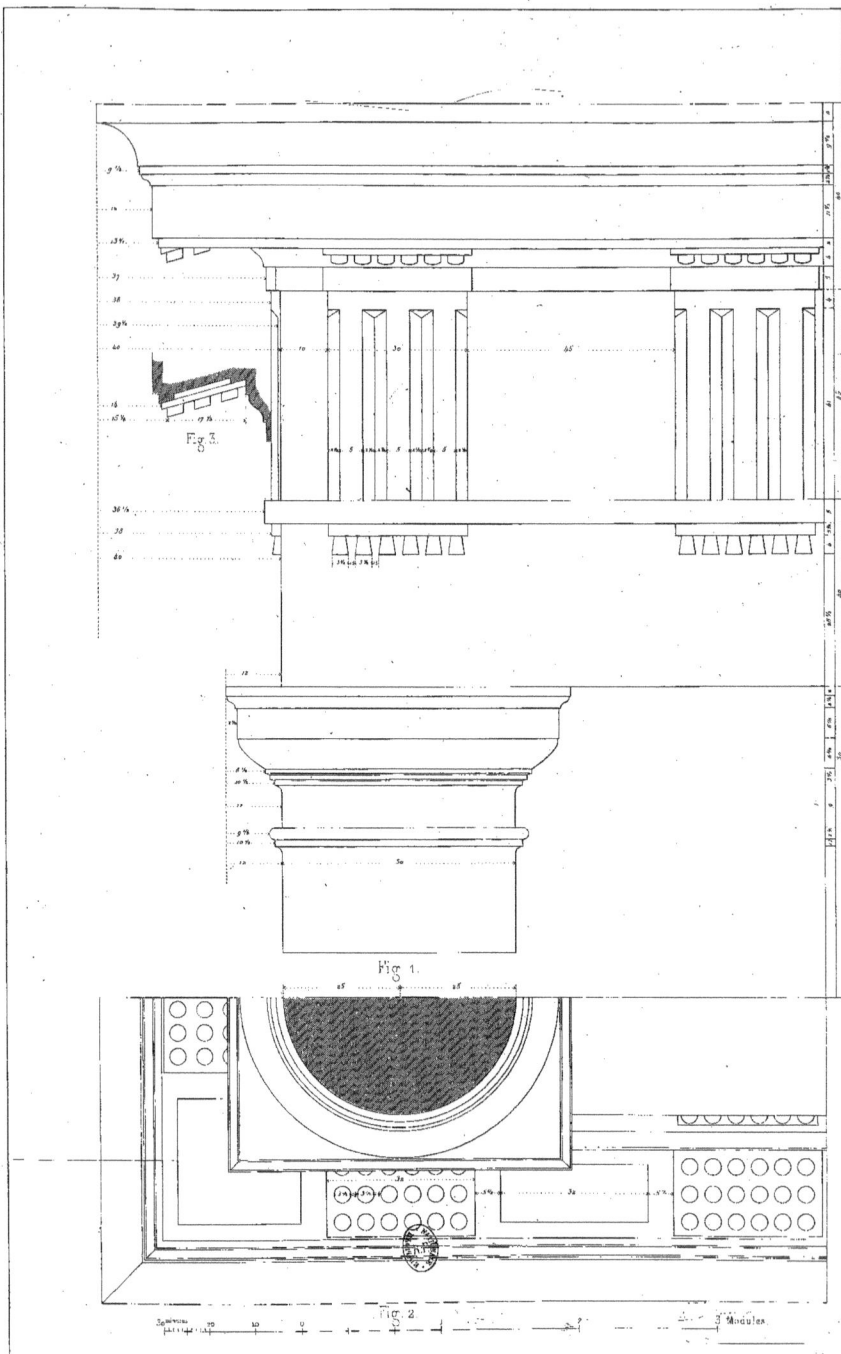

Fig. 3.

Fig. 1.

Fig. 2.

Gravé par J. Huguenet.

CHAPITEAU ET ENTABLEMENT DORIQUES.

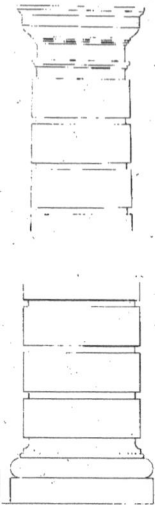

Fig 4.

Fig. 3.

Fig. 1.

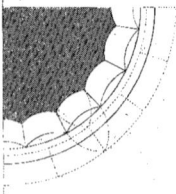

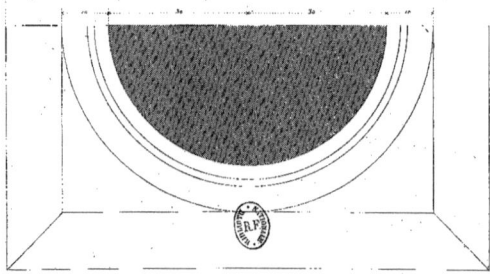

Fig. 2.

BASE ET PIÉDESTAL DORIQUES.

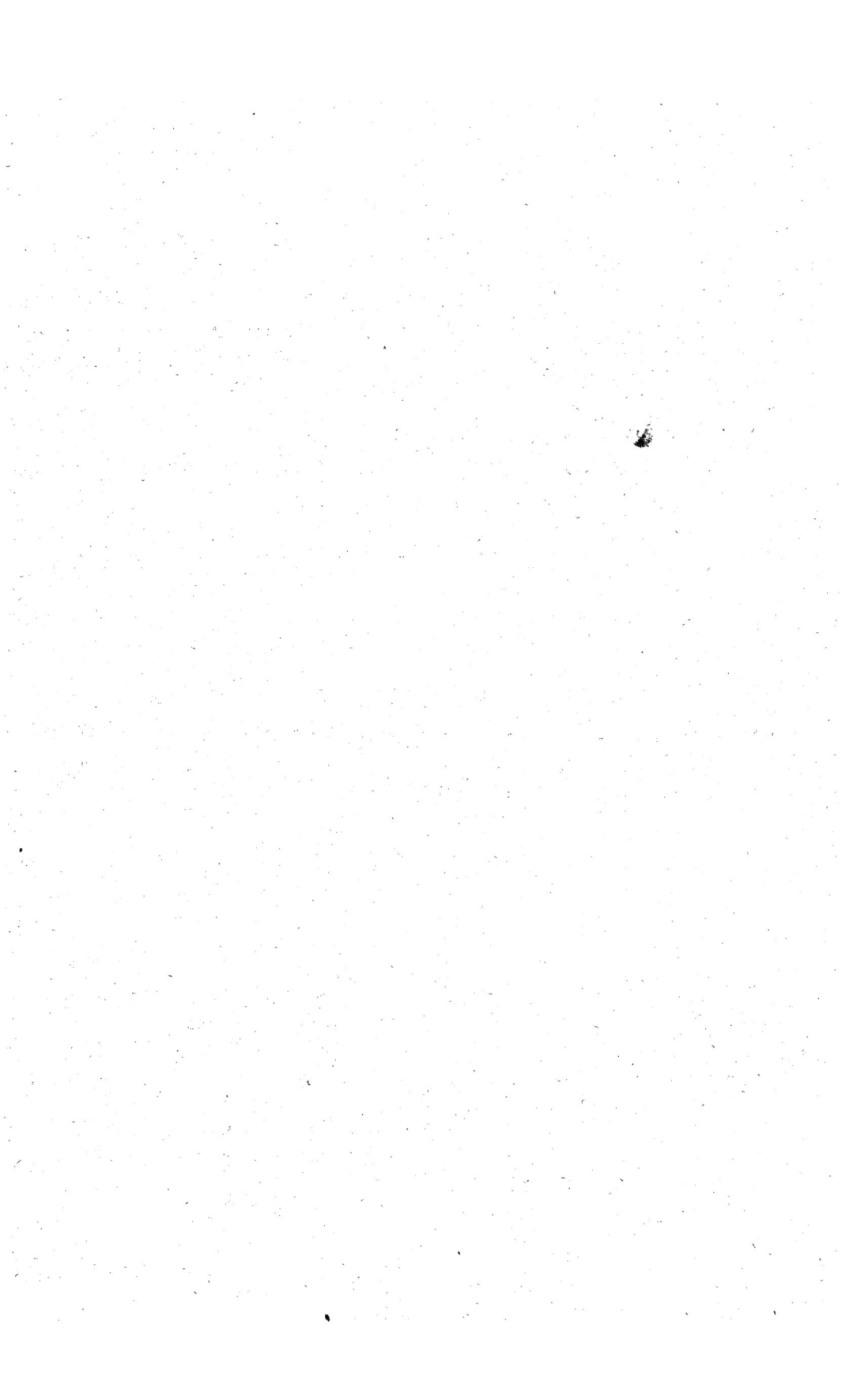

Fig. 4.

Fig. 3.

Fig. 1.

Fig. 2.

Fig. 8.

Fig. 6.

Fig. 7.

Fig. 5.

Echelle des Fig. 5, 7 et 8.

Module.
Minutes.

Gravé par J.Huguenet.

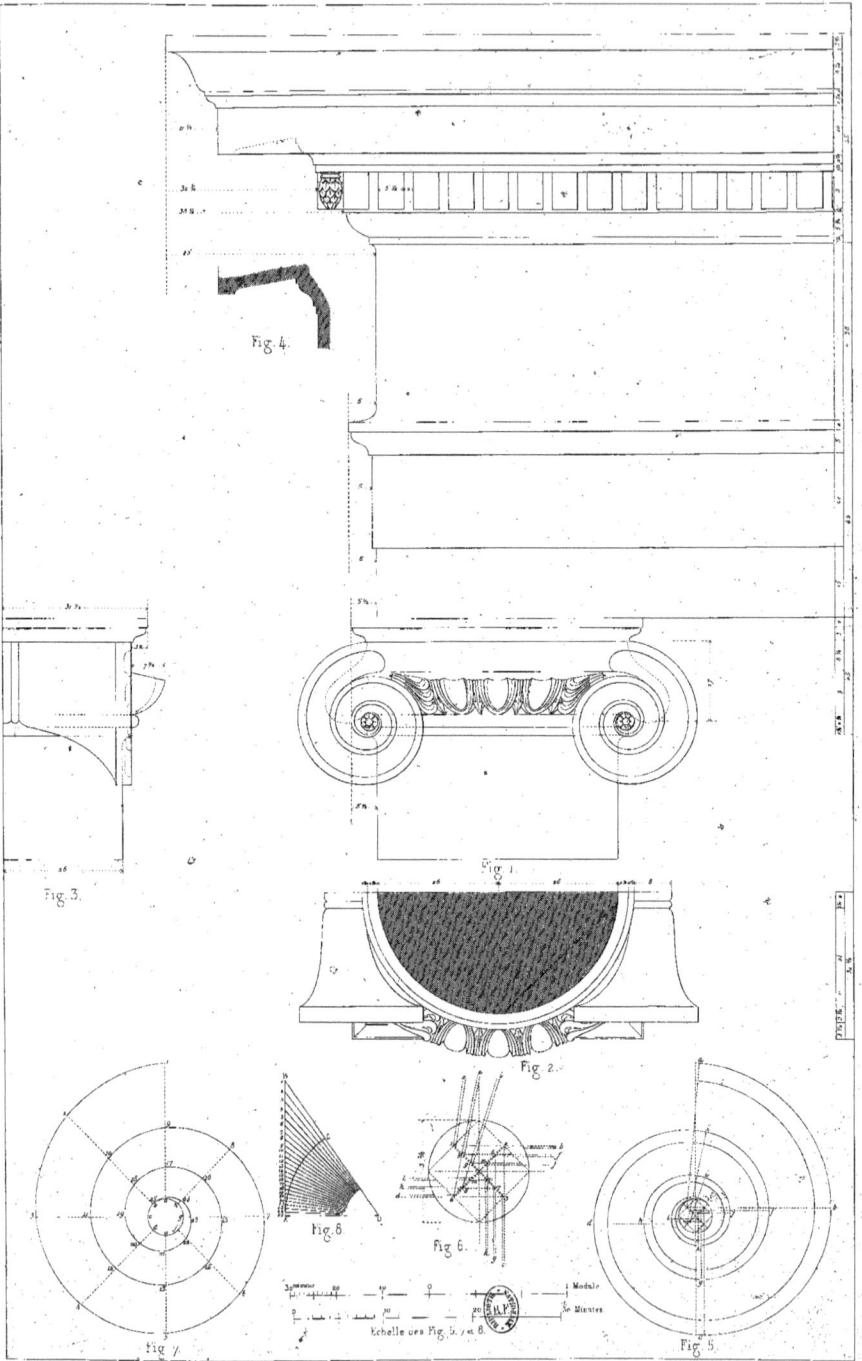

CHAPITEAU ET ENTABLEMENT IONIQUES.

Fig. 3.

Fig. 4.

Fig. 1.

Fig. 5.

Fig. 2.

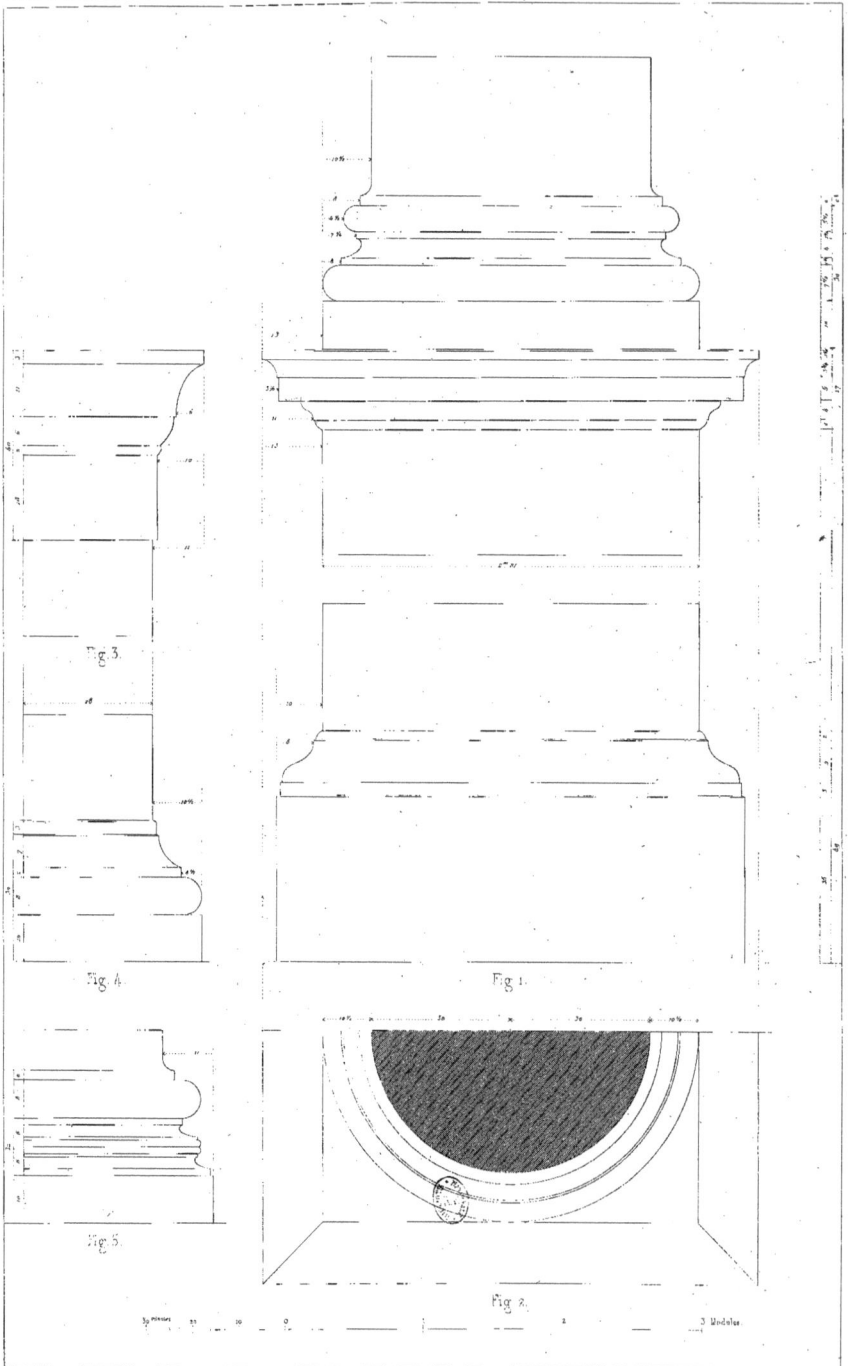

BASE ET PIÉDESTAL IONIQUES.

Fig. 7.

Fig. 5.

Fig. 6.

Fig. 3.

Fig. 1.

Fig. 4.

Fig. 2.

2 Modules.

Gravé par J. Huyssens.

CHAPITEAU ET ENTABLEMENT CORINTHIENS.

Fig. 3.

Fig. 1.

Fig. 4.

Fig. 5.   Fig. 6.

Fig. 2.

Gravé par Hugueuin

BASE ET PIÉDESTAL CORINTHIENS.

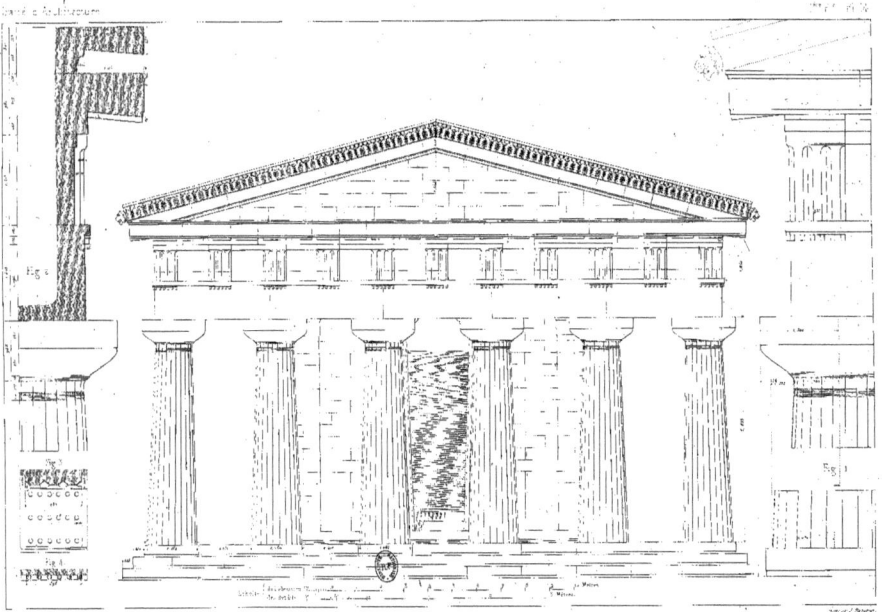

GRAND TEMPLE DE PÆSTUM.

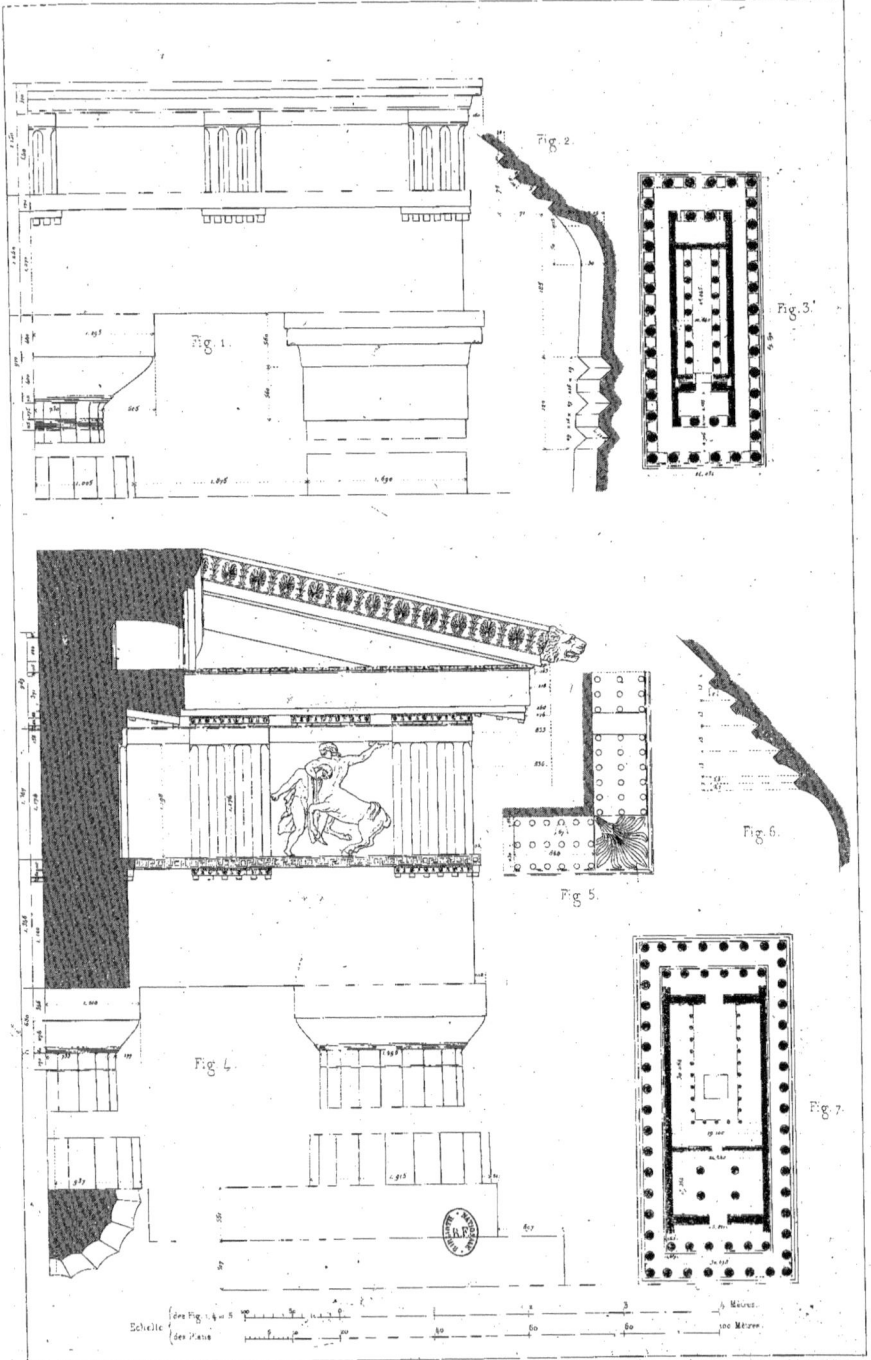

Fig. 1.

Fig. 2.

Fig. 3.

Fig. 4.

Fig. 5.

Fig. 6.

Fig. 7.

Echelle { des Fig.
{ des Plans

Gravé par J. Huguenei

PLANS ET DÉTAILS DU TEMPLE DE POESTUM ET DU PARTHÉNON.

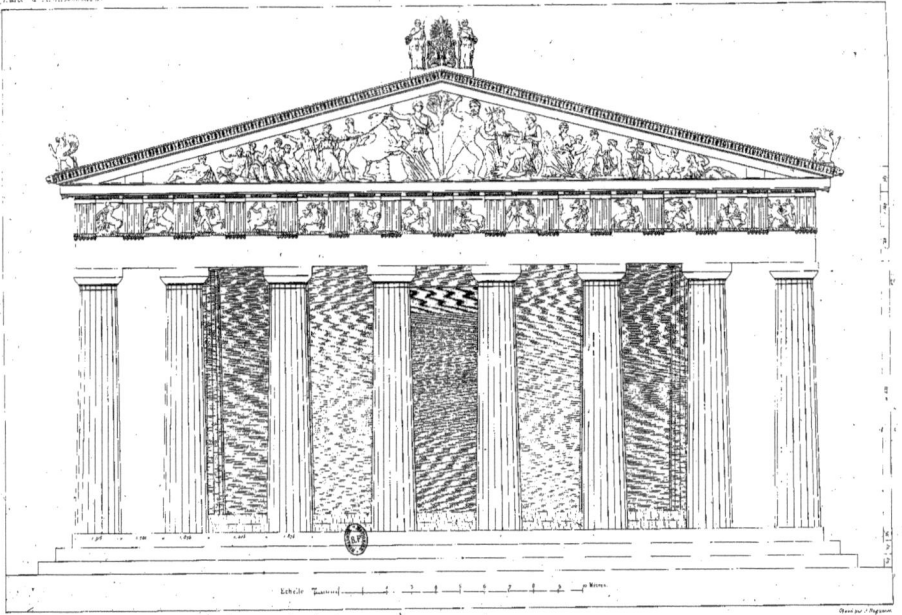

PARTHENON

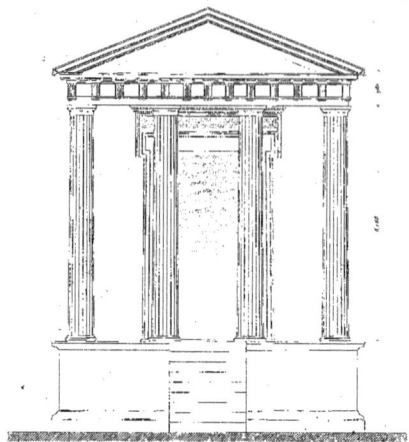

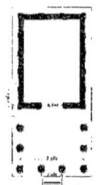

Fig. 1.

Fig. 7.

Fig. 5.

Fig. 6.   Fig. 2.   Fig. 5.   Fig. 4.

Échelle { de l'Élévation ... 10 Métres.
         { des Détails ...   1 Mètre.

J. Sulpis sc.

TEMPLE D'HERCULE, A CORA.

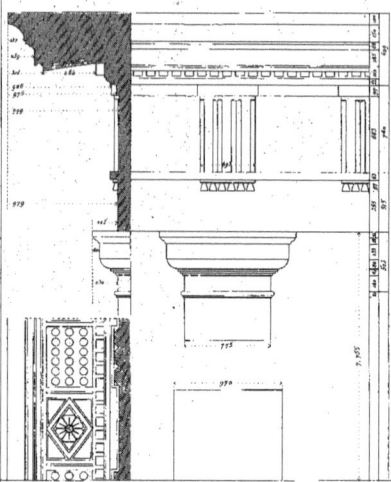

Fig. 1.

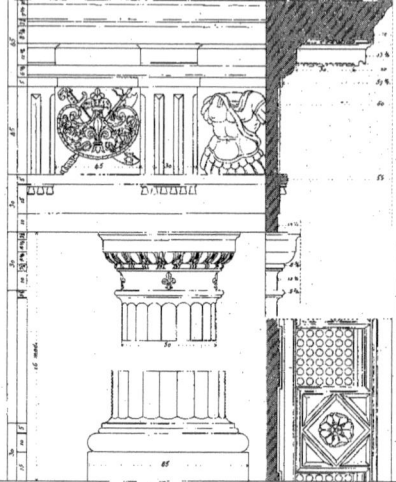

Fig. 2.

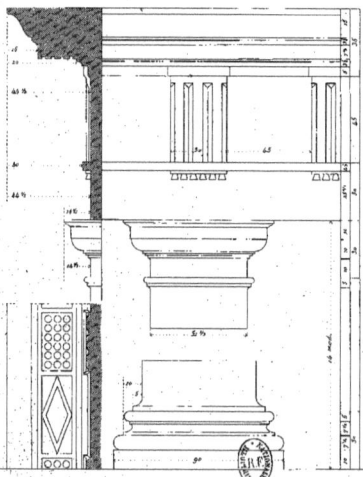

Fig. 3.

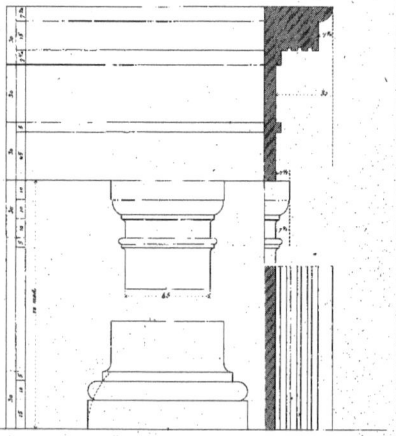

Fig. 4.

Echelle { de la Fig. 1 .... Mètres.
des Fig. 2, 3, 4 .... Modules.

ORDRES DORIQUES

Fig. 2.

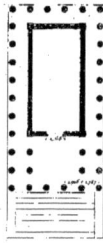

Fig. 1.

Fig. 3.

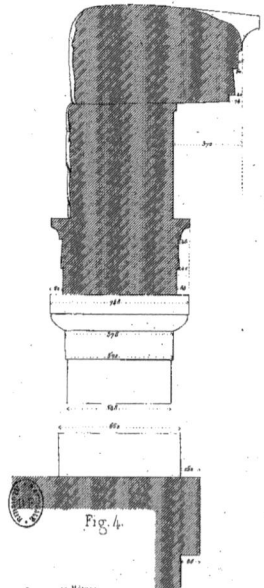

Fig. 4.

TEMPLE DE JUNON, A ROME.

Fig. 1.

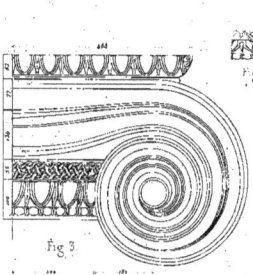

Fig. 3.

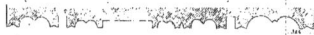

Fig. 4.

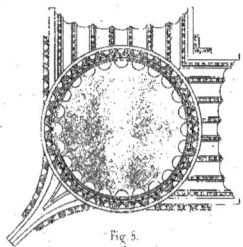

Fig. 5.

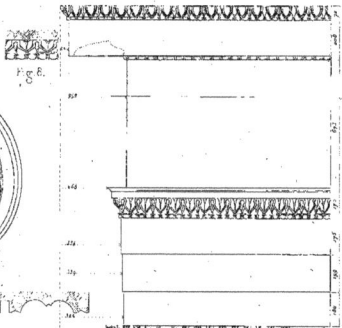

Fig. 8.

Fig. 2.

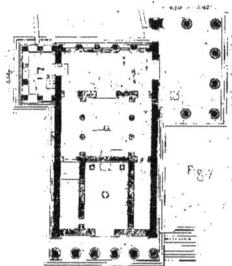

Fig. 7.

Fig. 6.

Échelle

TEMPLE D'ÉRECHTÉE.

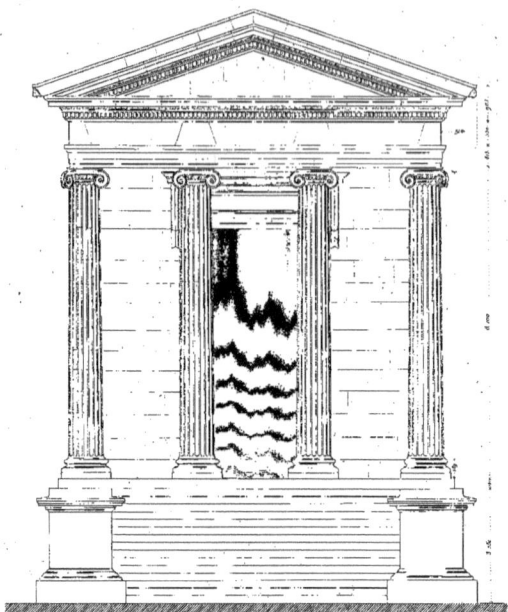

Fig. 1.

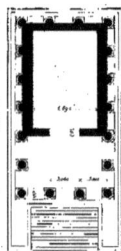

Fig. 2.

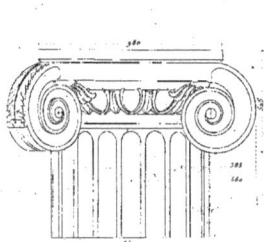

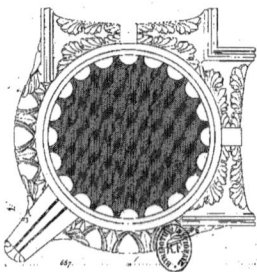

Fig. 4.   Fig. 3.   Fig. 5.

Échelle

TEMPLE DE LA FORTUNE VIRILE, A ROME.

Fig. 1.

Fig. 2.

Fig. 9.

Fig. 8.

Fig. 5.

Fig. 7.

Fig. 6.

Fig. 10.

Fig. 3.

Fig. 4.

ORDRES IONIQUES.

Fig. 1

Fig. 3

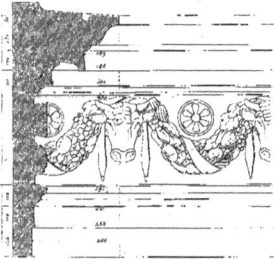

Fig. 4

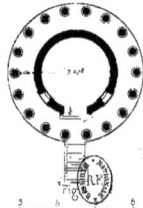

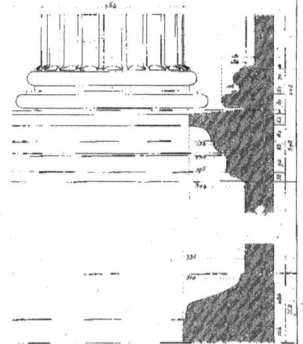

Fig. 5

Echelle { de la Fig. 1
des Fig. 4 et 5
de la Fig. 3

E. Olivier sc.

TEMPLE DE VESTA A TIVOLI.

Fig. 1.

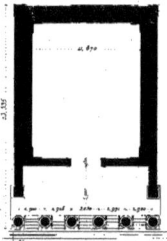

Fig. 6.

Fig. 7.

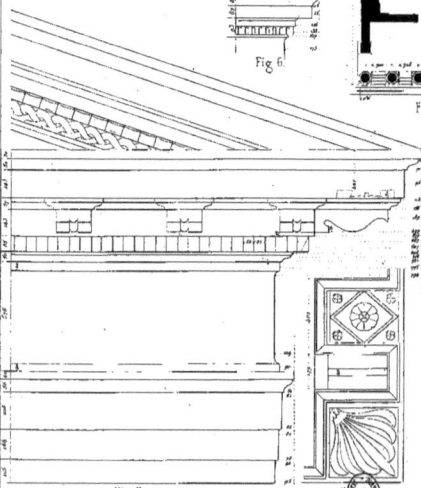

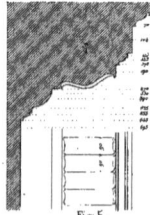

Fig. 3.
Echelle { de l'Elévation.
         des Fig. 3. 4. 5. 6.

Fig. 4.

Fig. 5.

Fig. 2.

E. Ollivier sc.

TEMPLE DE MINERVE, A ASSISE.

Fig. 1.   Fig. 2.

      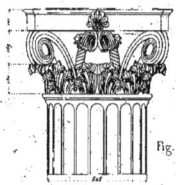

Fig. 7.   Fig. 5.   Fig. 6.

AVON

Fig. 3.   Fig. 4.

Echelle { des Fig. 1 et 2   Mètre.
         { des Fig. 3 et 3   Mètres.

ORDRES CORINTHIENS

Fig. 7.

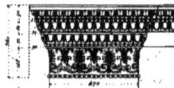

Fig. 5.

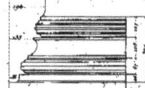

Fig. 4.

Fig. 6.

Fig. 2.

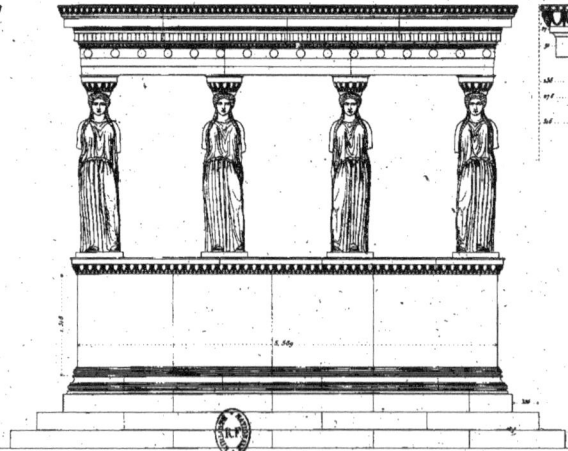

Fig. 1.

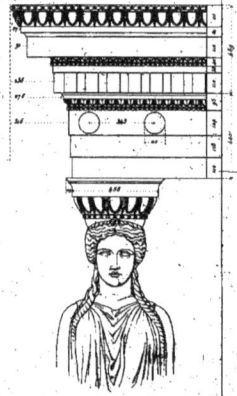

Fig. 3.

Echelle { des Ensembles

des Détails.

Gravé par J. Hugueneé

1 CARIATIDES D'ATHÈNES. 7 CARIATIDES DU LOUVRE.

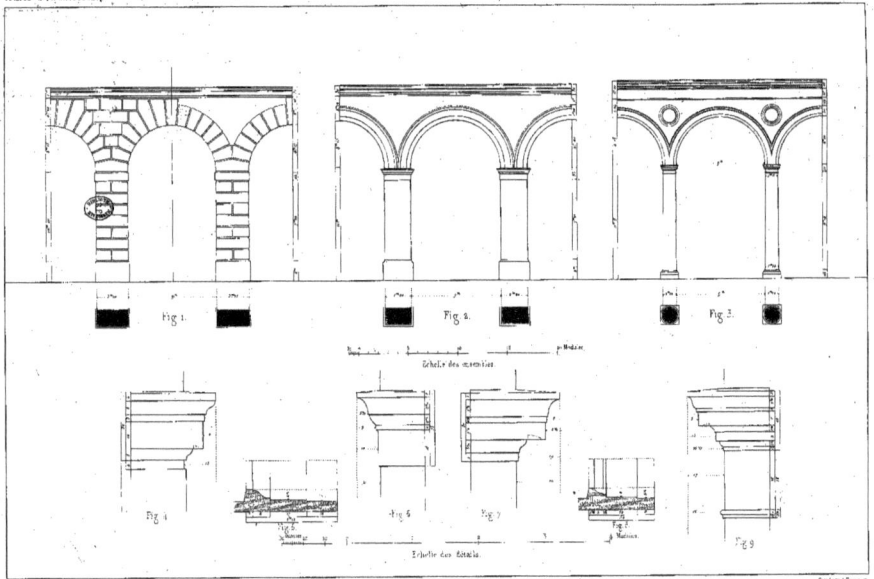

Fig 1.   Fig 2.   Fig 3.

Echelle des ensembles

Fig 4.   Fig 5.   Fig 7.   Fig 9

Echelle des détails

ARCADES

Fig. 2.

Fig. 1.

1 ARCADES PAR BRAMANTE.　2 ARCADES DU PALAIS DE VENISE, À ROME.

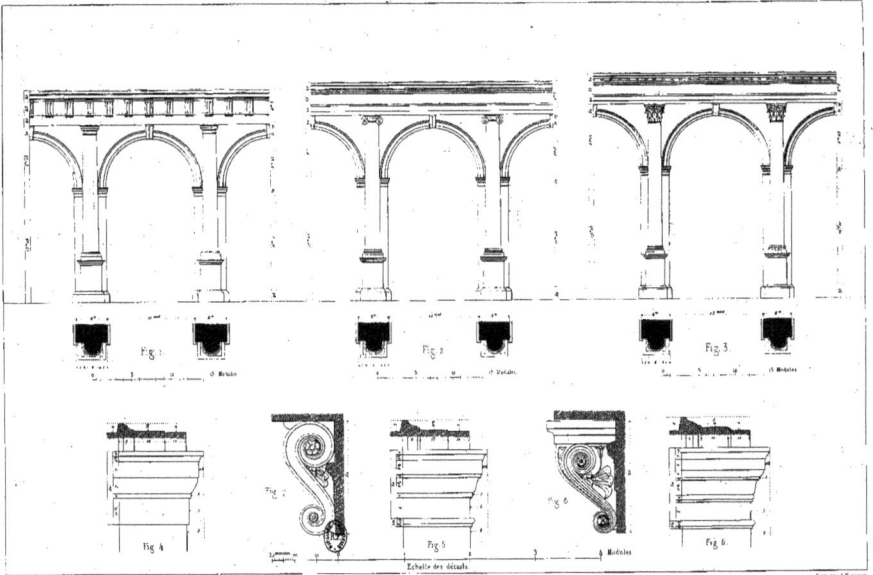

Fig. 1. Fig. 2. Fig. 3.

Fig. 4. Fig. 5. Fig. 6.

Echelle des détails.

ARCADES AVEC COLONNES.

Fig. 3.

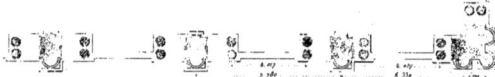

Fig. 4.

Fig. 2.

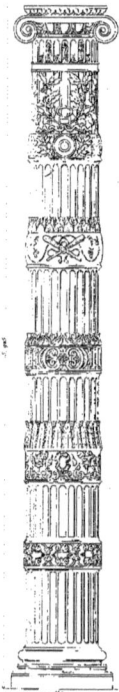

Fig. 5.

Fig. 1.

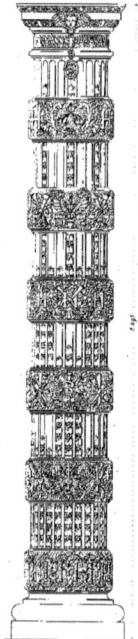

Fig. 6.

Echelle

1 ARCADES DU CHÂTEAU DES TUILERIES ___ 3 ARCADES DE LA BASILIQUE DE VICENCE.

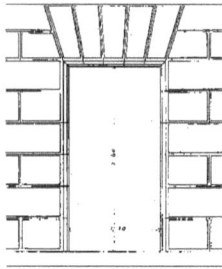
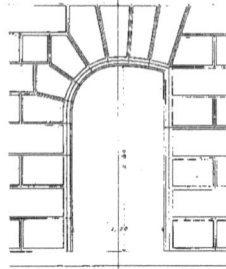

Fig. 2.   Fig. 5.

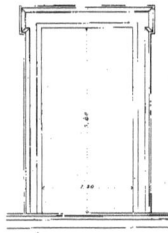

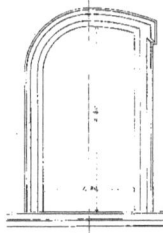

Fig. 3.   Fig. 6.

Fig. 1.

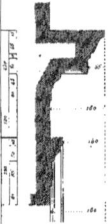
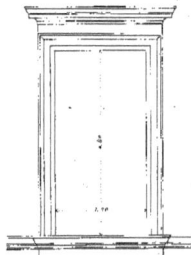
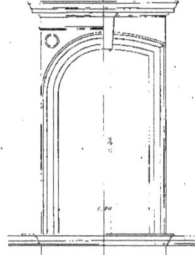

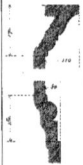

Fig. 4.   Fig. 7.

Échelle : { des ensembles
            { des détails

Gravé par Huguenet.

FENÊTRES.

Fig. 1.

Fig. 2.

Fig. 3.

R. CAN. S. GEOR. S. R. V. CAMER.

Fig. 4.

Fig. 5.

Fig. 6.

S. R. F.

Echelle {des Ensembles / des Détails}

FENÊTRES

J. Sulpis sc.

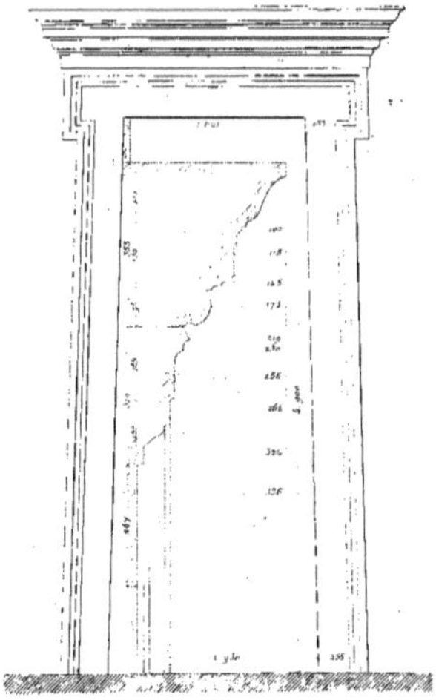

Fig. 1.

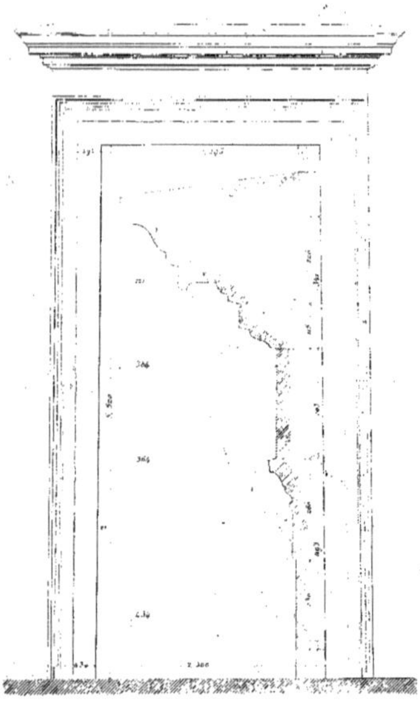

Fig. 2.

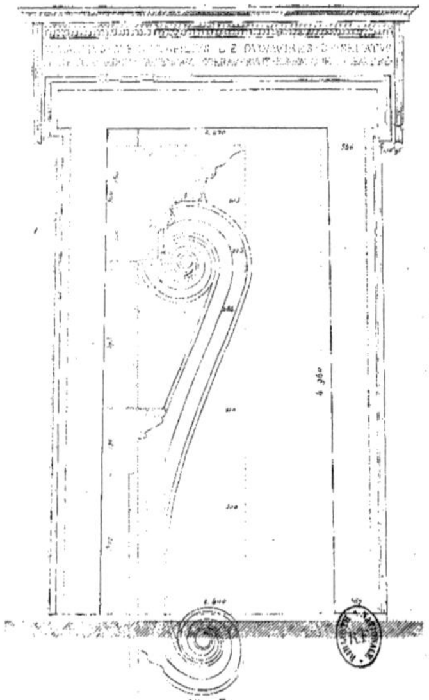

Fig. 3

Fig. 5.

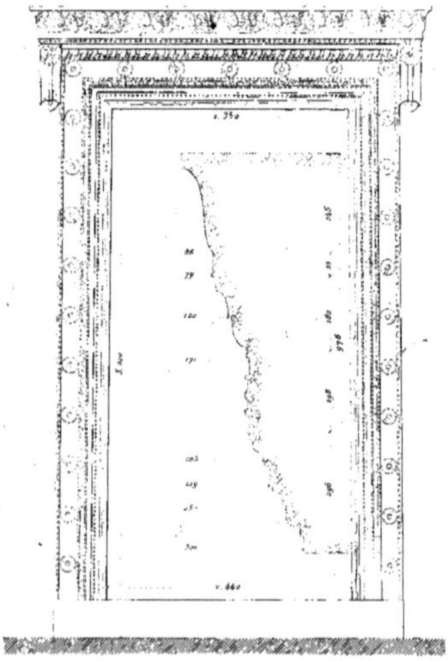

Fig. 4.

Echelle { des Ensembles
         { des Détails

3 Mètres

10 Diamètres

PORTES ANTIQUES.

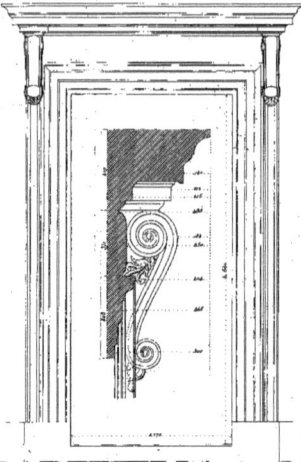

Fig. 1.

Fig. 2.

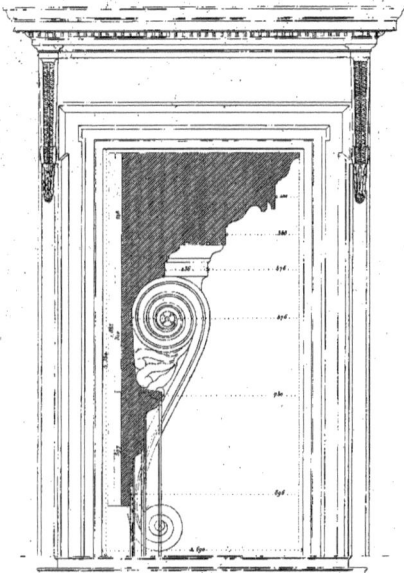

Fig. 3.

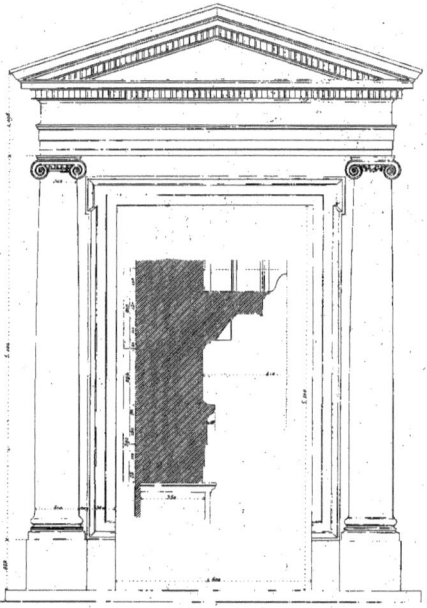

Fig. 4.

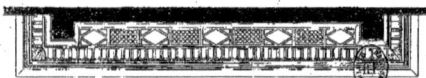

Echelle { des Détails
          des Ensembles

E. Ollivier sc.

PORTES MODERNES.

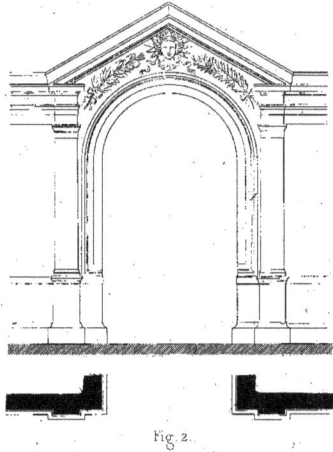

Fig. 1.

Fig. 2.

Fig. 3.

Fig. 4.

PORTES MODERNES.

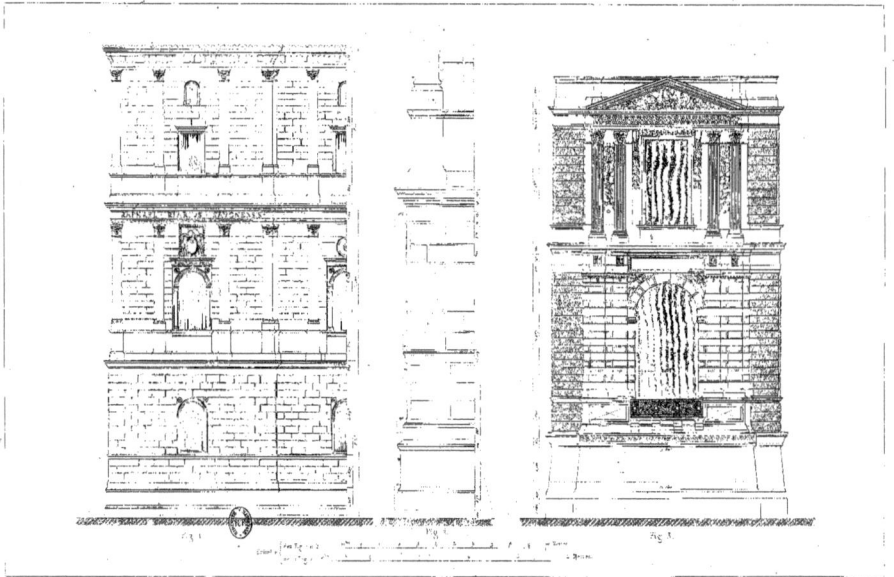

PALAIS DE LA CHANCELLERIE   PAVILLON DU LOUVRE

Fig. 1.

ÉCOLE NATION.ᴸᴱ DES BEAUX-ARTS

Fig. 3.

Fig. 5.

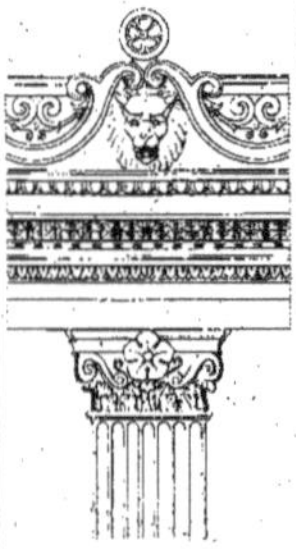

Fig. 4.

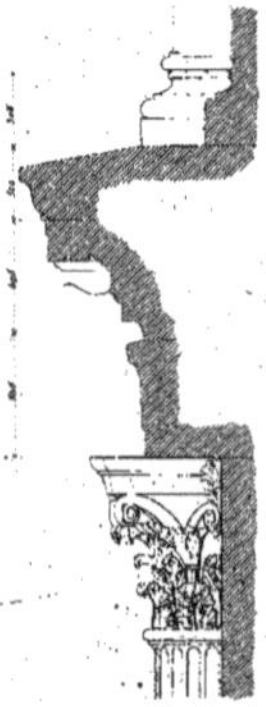

Fig. 2.

Fig. 6.

Échelle des Fig. 1 et 2.
des Détails.

E. Ollivier sc.

1 PALAIS DE VICENCE.   2 ÉCOLE DES BEAUX ARTS.

Fig. 2.

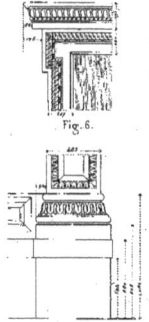

Fig. 4.   Fig. 3.   Fig. 5.

Fig. 1.

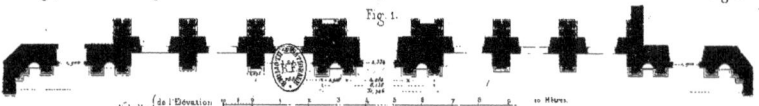

Échelle { de l'Élévation   }
        { des Détails 1" }

Ribault sc.

PAVILLON DU LOUVRE.

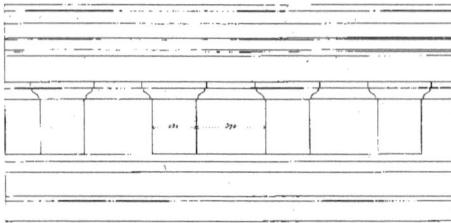
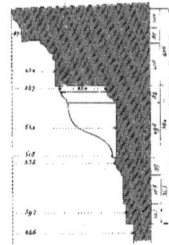

Fig 1.

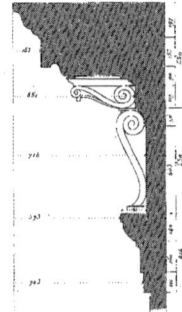

Fig 2.

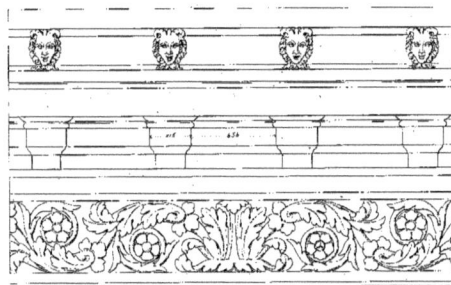
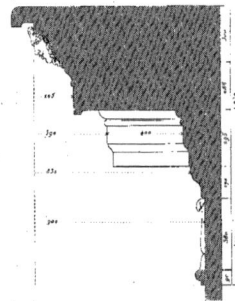

Fig 3.

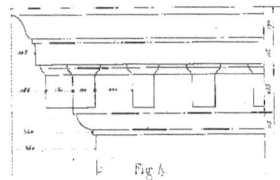
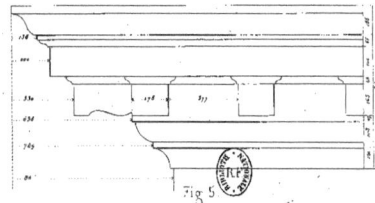

Fig 4.   Fig 5.

Mètres.

Gravé par Hugonnie.

CORNICHES DE COURONNEMENT.

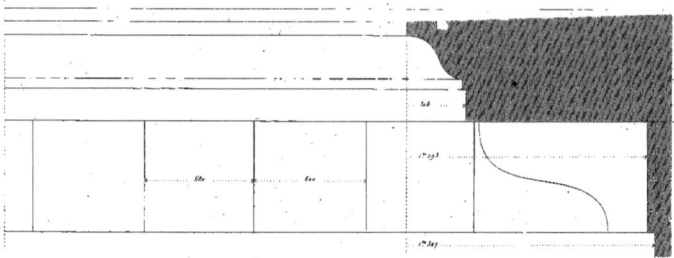

Fig. 1.

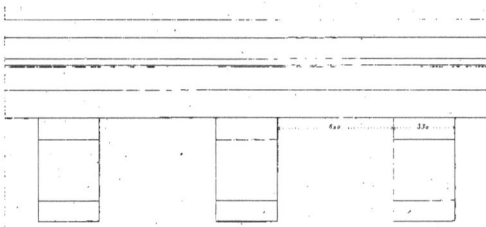
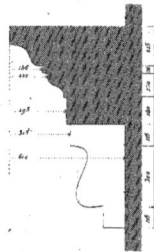

Fig. 2.

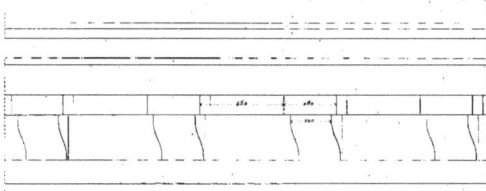
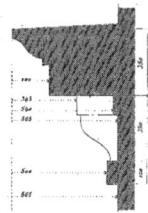

Fig. 3.

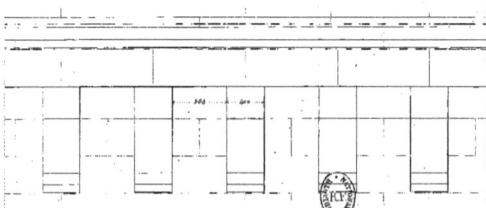
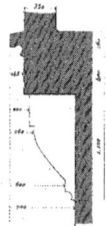

Fig. 4.

CORNICHES DE COURONNEMENT.

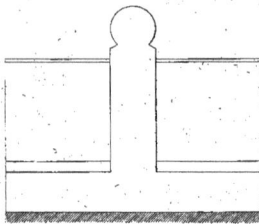

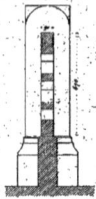

Fig.1.   Fig.2.   Fig.4.   Fig.5.

Fig.3.

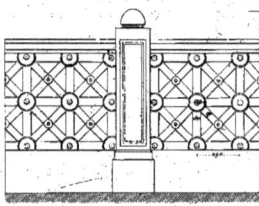

Fig.6.   Fig.7.   Fig.8.   Fig.9.

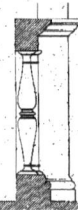
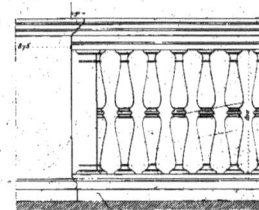
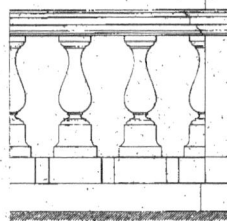
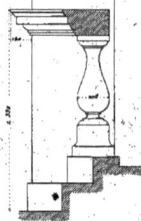

Fig.10.   Fig.11.   Fig.12.   Fig.13.

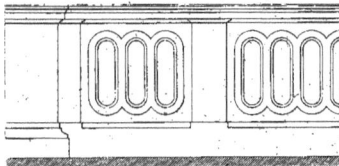

Fig.14.   Fig.15.

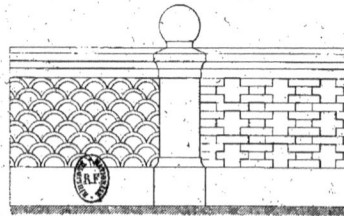

Fig.17.   Fig.16.

1 Mètre.

BALUSTRADES.

Fig. 1.

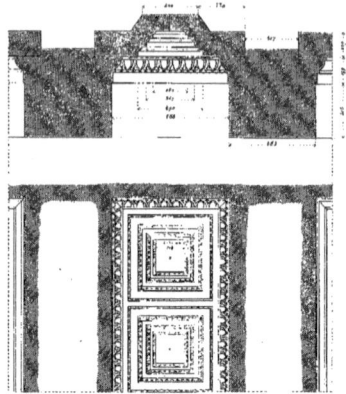

Fig. 2.

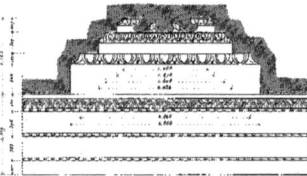

Fig. 3.

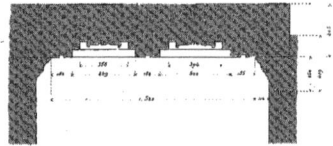

Fig. 4.

Fig. 6.

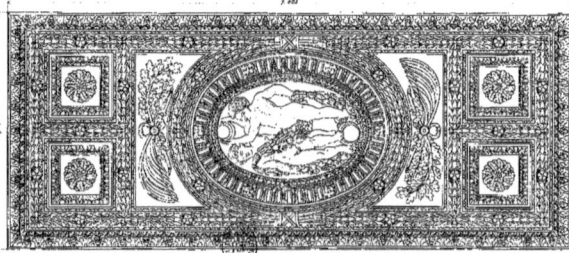

Fig. 5.

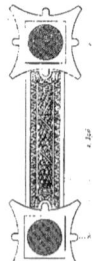

Fig. 7.

Échelle: {
des Fig. 1 et 3 .... 5 Mètres
des Fig. 2 et 4 .... 4 Mètres
des Fig. 5 6 et 7 .... 4 Mètres
}

Gravé par J.Huguenet.

PLAFONDS.

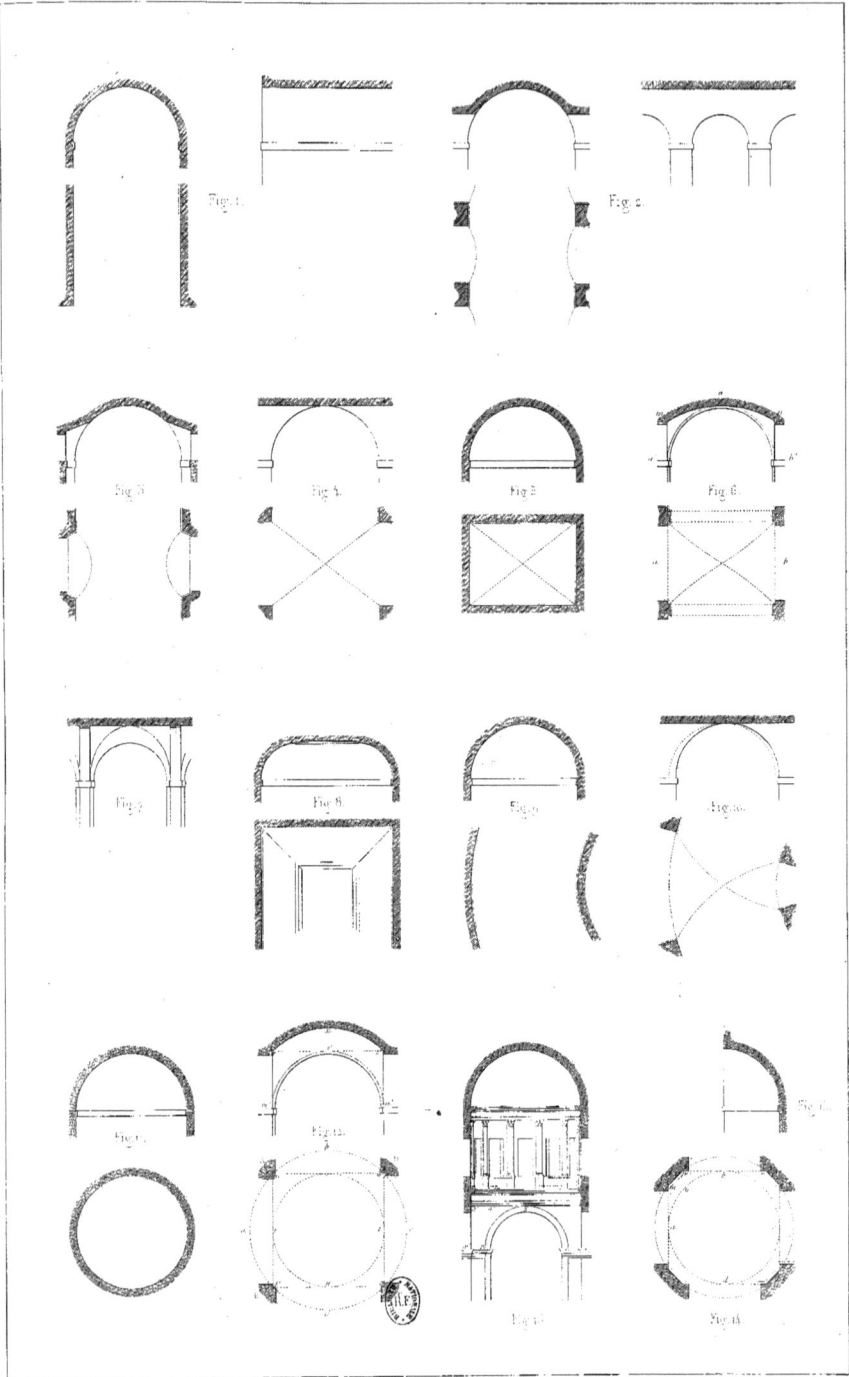

VOÛTES

Fig. 14.   Fig. 15.   Fig. 18.   Fig. 15.   Fig. 17.   Fig. 16.

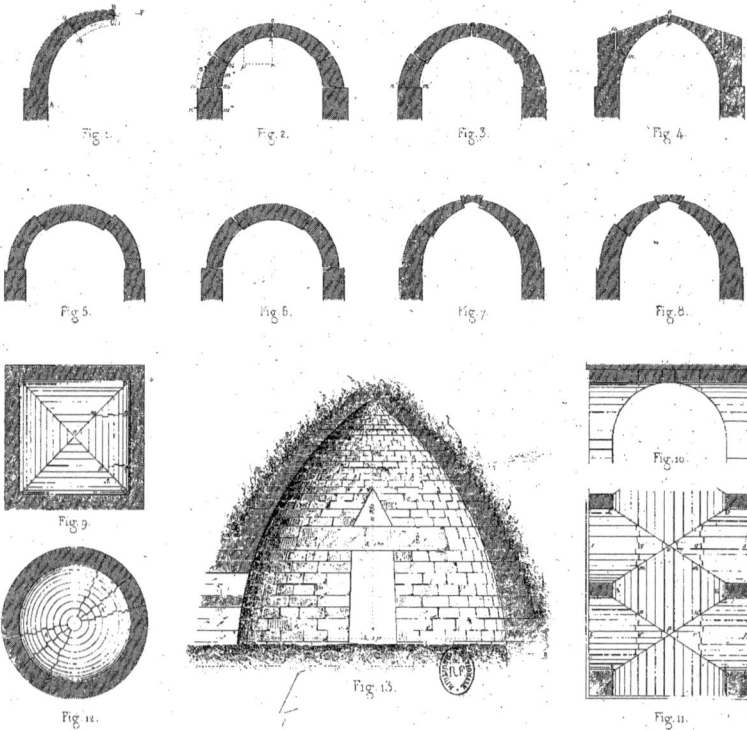

Fig. 1.   Fig. 2.   Fig. 3.   Fig. 4.

Fig. 5.   Fig. 6.   Fig. 7.   Fig. 8.

Fig. 9.   Fig. 10.

Fig. 12.   Fig. 13.   Fig. 11.

VOÛTES.

Fig. 1.   Fig. 2.   Fig. 3.   Fig. 4.   Fig. 5.   Fig. 6.   Fig. 7.   Fig. 8.   Fig. 9.   Fig. 10.   Fig. 11.   Fig. 12.

Echelle { des Fig 1, 2 et 3
        { des Fig 4, 5 et 6

E. Lahal im.

POUSSÉE DES VOÛTES.

Fig 1.   Fig 2.   Fig 4.   Fig 3.

Fig 6.   Fig 8.

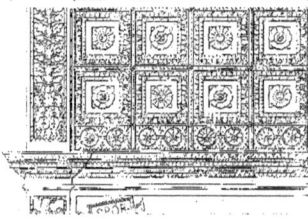
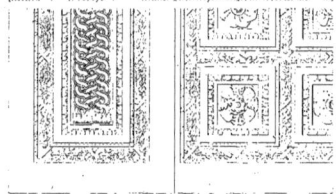

Fig 5.   Fig 7.

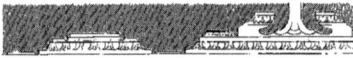

Fig 10.   Fig 12.

Fig 9.   Fig 11.

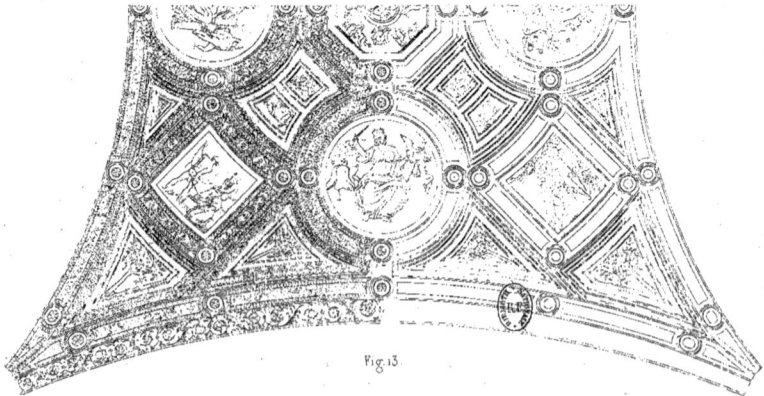

Fig 13.

VOUTES DÉCORÉES.

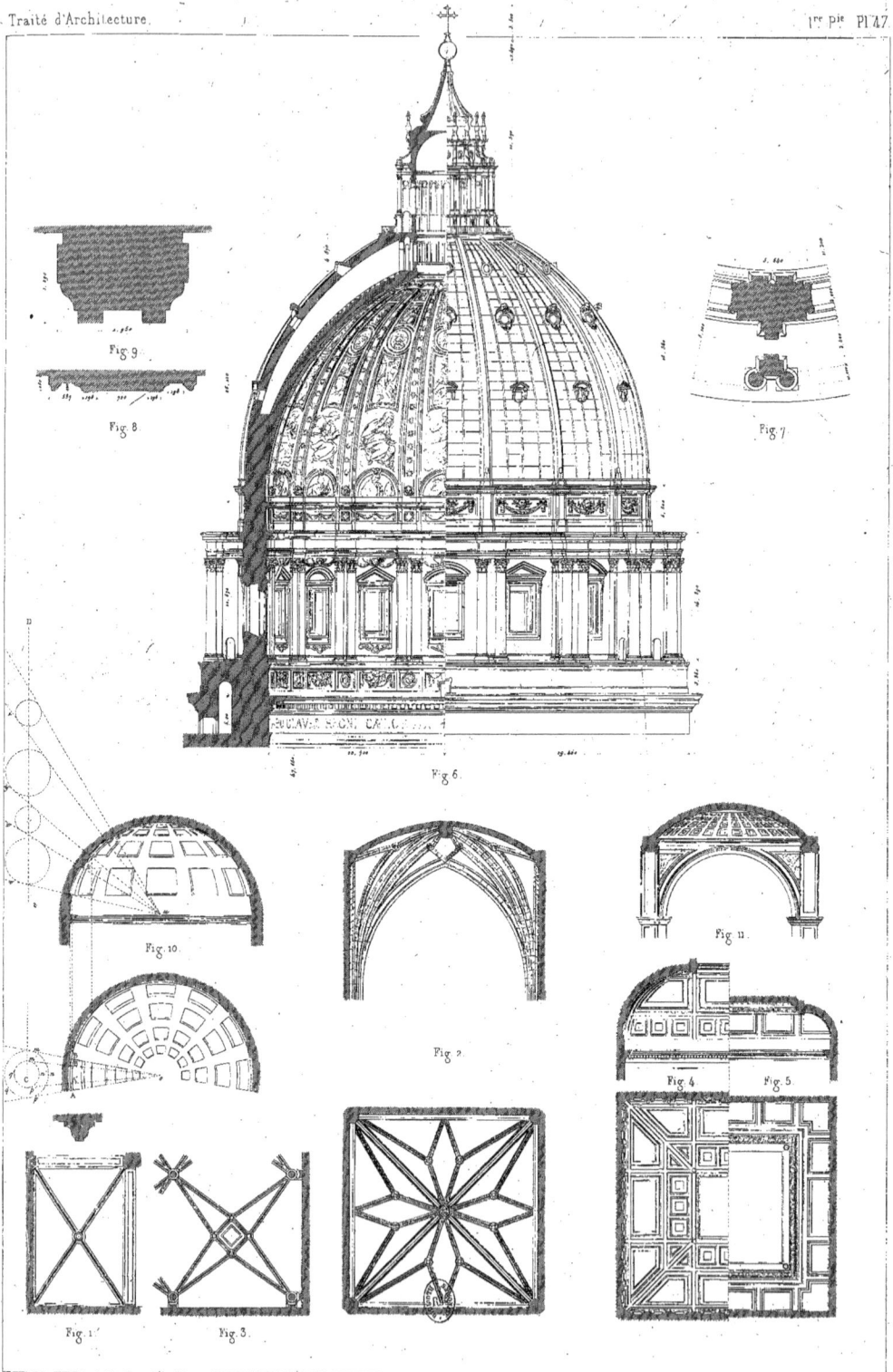

Fig 9.

Fig 8.

Fig 7.

Fig 6.

Fig 10.

Fig 2.

Fig 11.

Fig 4.   Fig 5.

Fig 1.   Fig 3.

DÉCORATION DES VOÛTES.

Fig. 2.

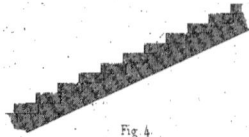

Fig. 4.

Fig. 5.

Fig. 1.

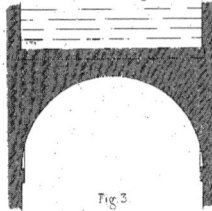

Fig. 3.

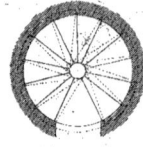

Fig. 5.

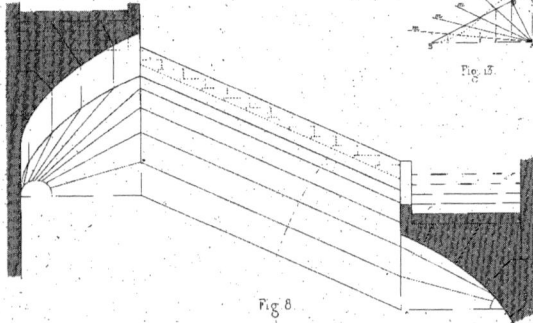

Fig. 8.

Fig. 13.

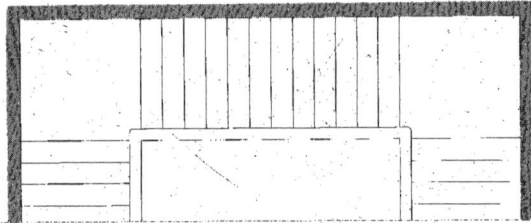

Fig. 7.

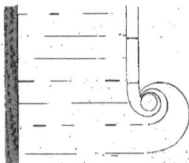

Fig. 9.

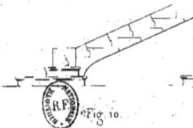

Fig. 10.

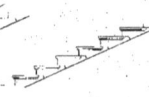

Fig. 12.

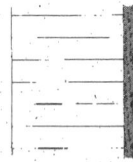

Fig. 11.

ESCALIERS.

J. Raguenet sc.

Fig. 1.   Fig. 2.   Fig. 3.   Fig. 4.   Fig. 5.

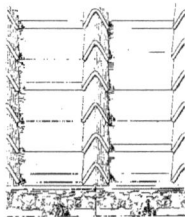

Fig. 6.

Fig. 7.

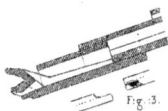

Fig. 8.   Fig. 12.   Fig. 13.

Fig. 9.

Fig. 10.   Fig. 11.

Fig. 14.

Fig. 15.

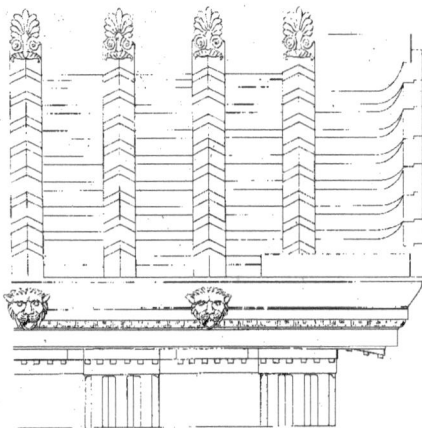

Fig. 16.

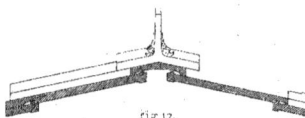

Fig. 17.

Fig. 18.

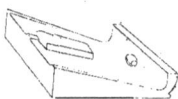

Fig. 19.

Fig. 24.   Fig. 20.   Fig. 21.   Fig. 22.

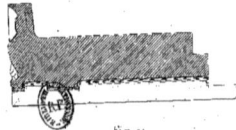

Fig. 23.

A. Guillaumot sc.

COUVERTURES ANTIQUES.

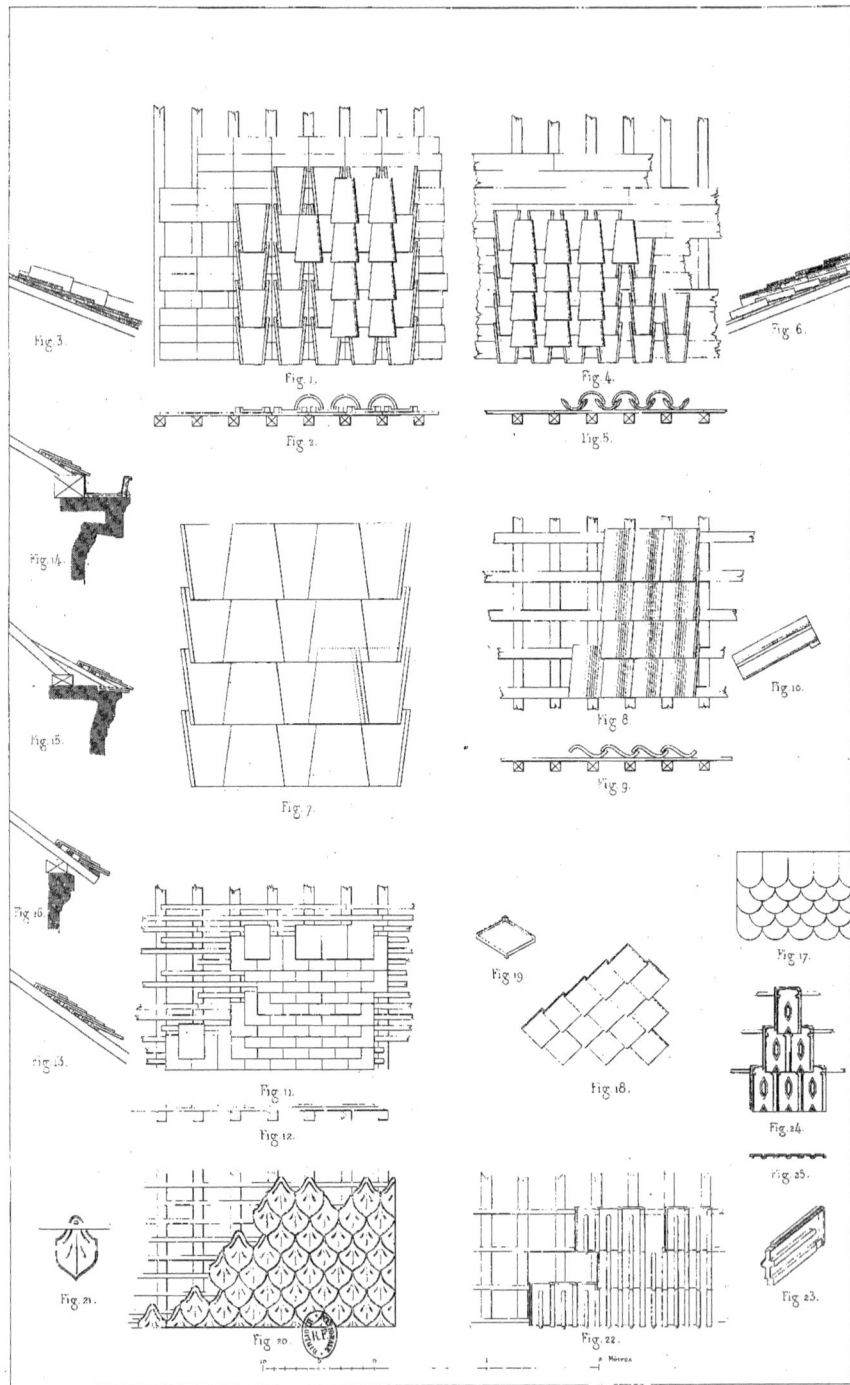

Fig. 3.

Fig. 6.

Fig. 1.

Fig. 4.

Fig. 2.

Fig. 5.

Fig. 14.

Fig. 15.

Fig. 7.

Fig. 8.

Fig. 10.

Fig. 9.

Fig. 16.

Fig. 17.

Fig. 13.

Fig. 11.

Fig. 19.

Fig. 18.

Fig. 24.

Fig. 12.

Fig. 25.

Fig. 21.

Fig. 20.

Fig. 22.

Fig. 23.

Mégisserie ça lutück sc.

COUVERTURES.

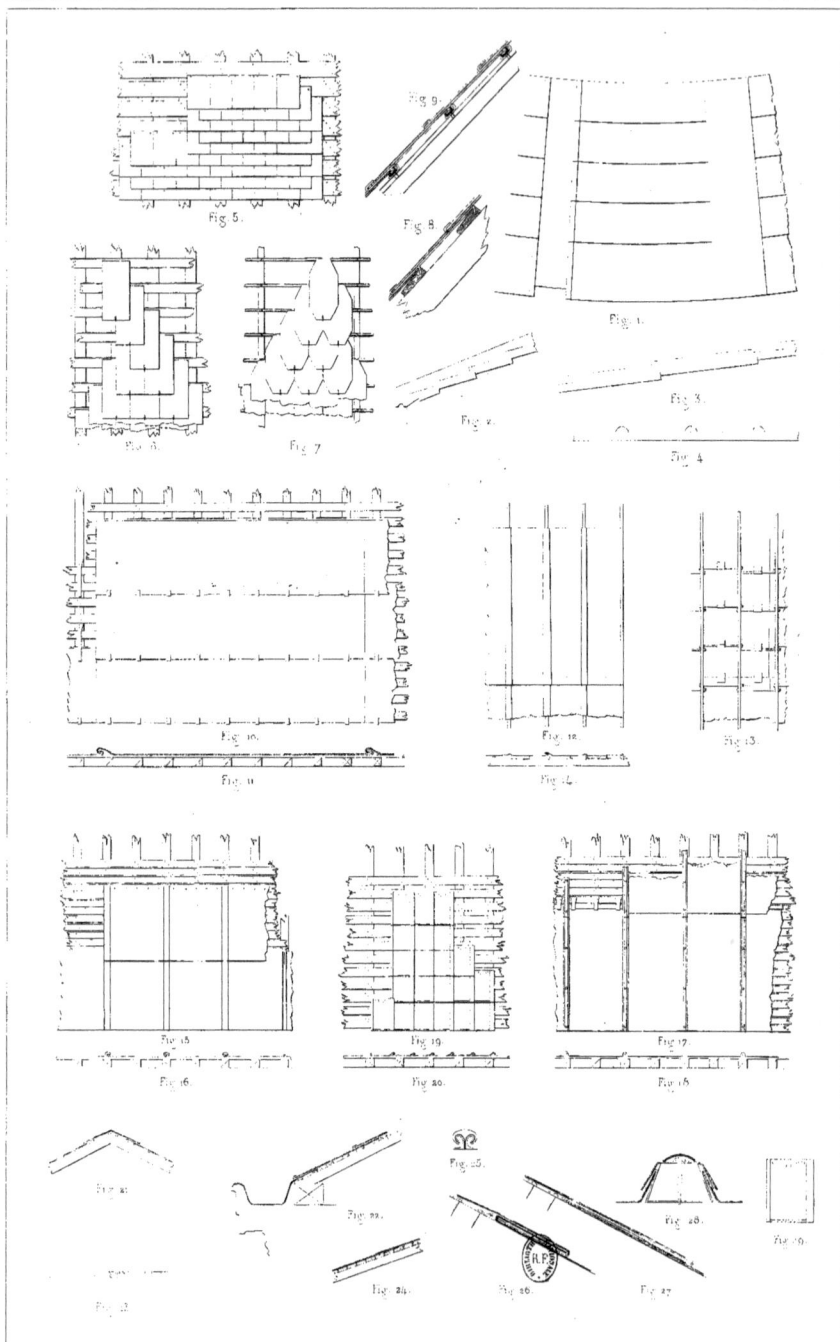

Fig. 9.

Fig. 5.

Fig. 8.

Fig. 1.

Fig. 2.

Fig. 3.

Fig. 6.   Fig. 7.   Fig. 4.

Fig. 10.   Fig. 12.   Fig. 13.

Fig. 11.   Fig. 14.

Fig. 15.   Fig. 19.   Fig. 17.

Fig. 16.   Fig. 20.   Fig. 18.

Fig. 21.   Fig. 25.

Fig. 22.   Fig. 28.

Fig. 29.

Fig. 23.   Fig. 24.   Fig. 26.   Fig. 27.

COUVERTURES EN PIERRES ET COUVERTURES MÉTALLIQUES.

Fig. 1.

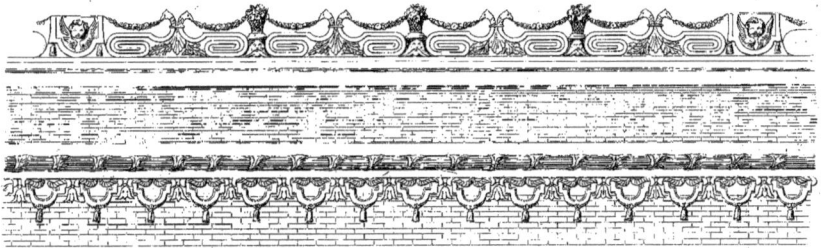

Fig. 2.

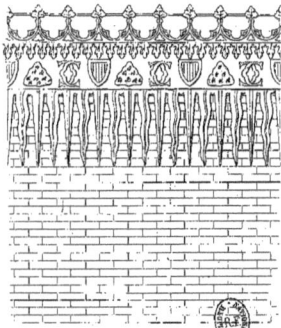

Fig. 3.   Fig. 5.   Fig. 4.

A. Guillaumot sc.

DÉCORATION DES COMBLES.

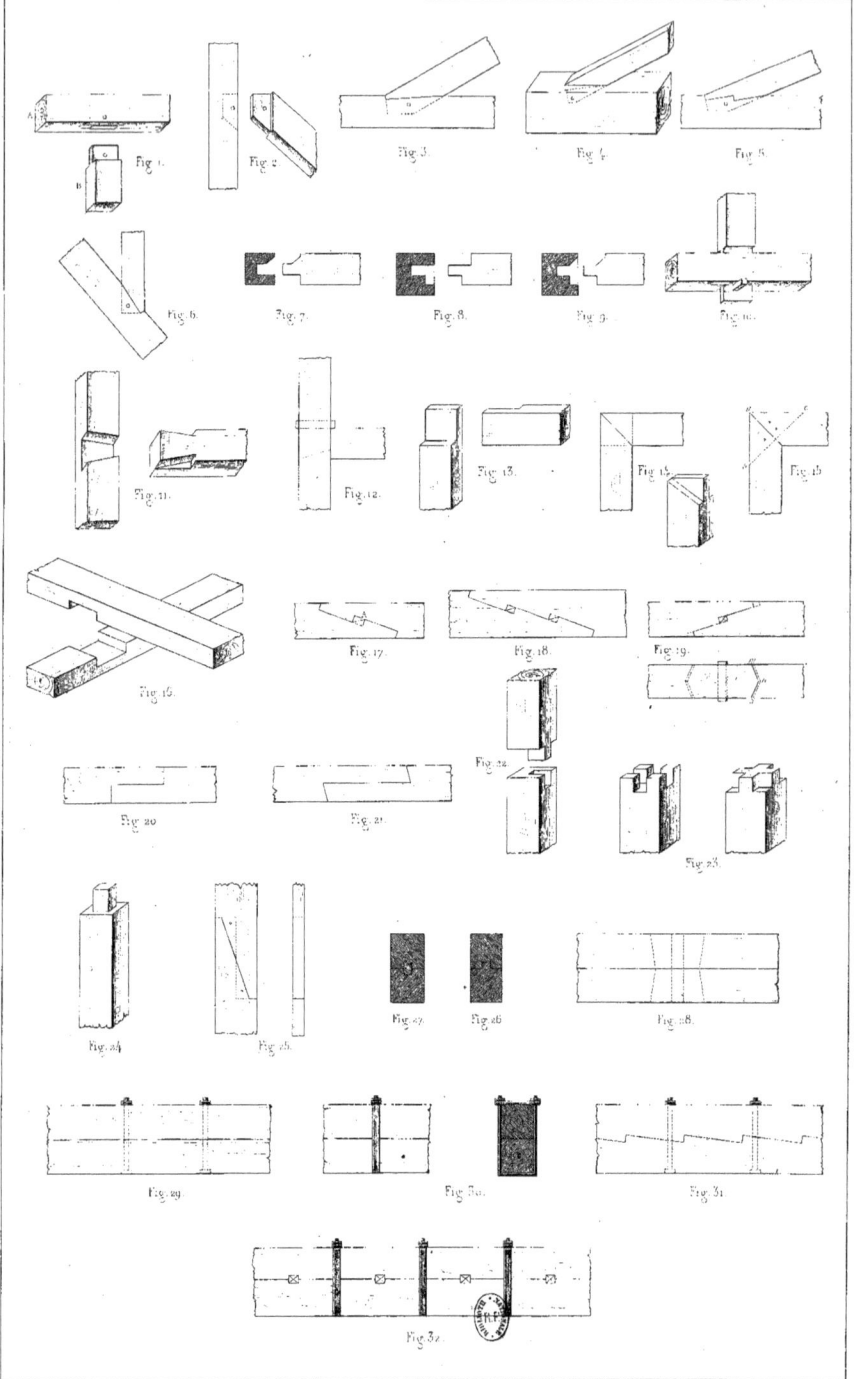

ASSEMBLAGES DE CHARPENTE.

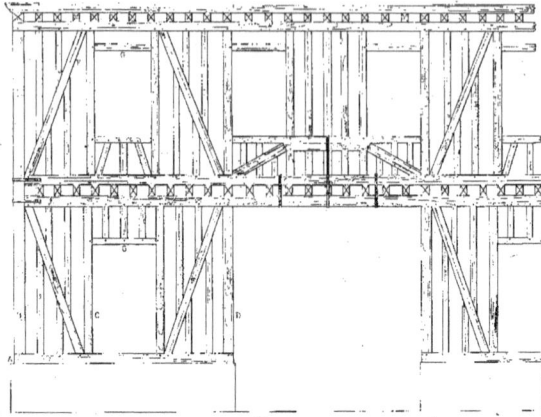

Fig. 1.

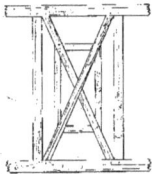

Fig. 3.

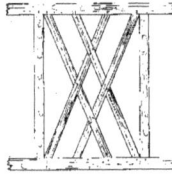

Fig. 4.

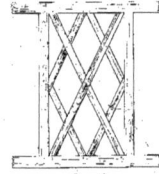

Fig. 5.

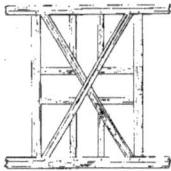

Fig. 6.

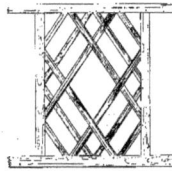

Fig. 7.

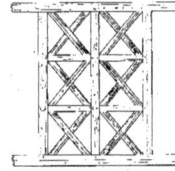

Fig. 8.

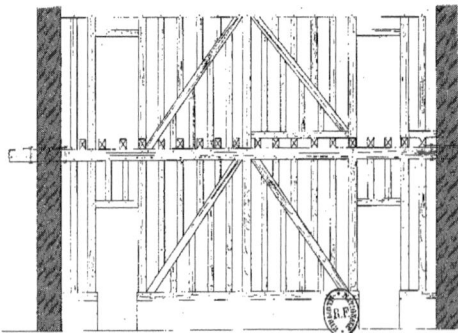

Fig. 2.

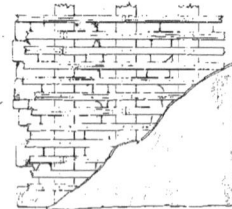

Fig. 10.

Fig. 9.

L. Roux sc.

PANS DE BOIS.

MAISON A LISIEUX.

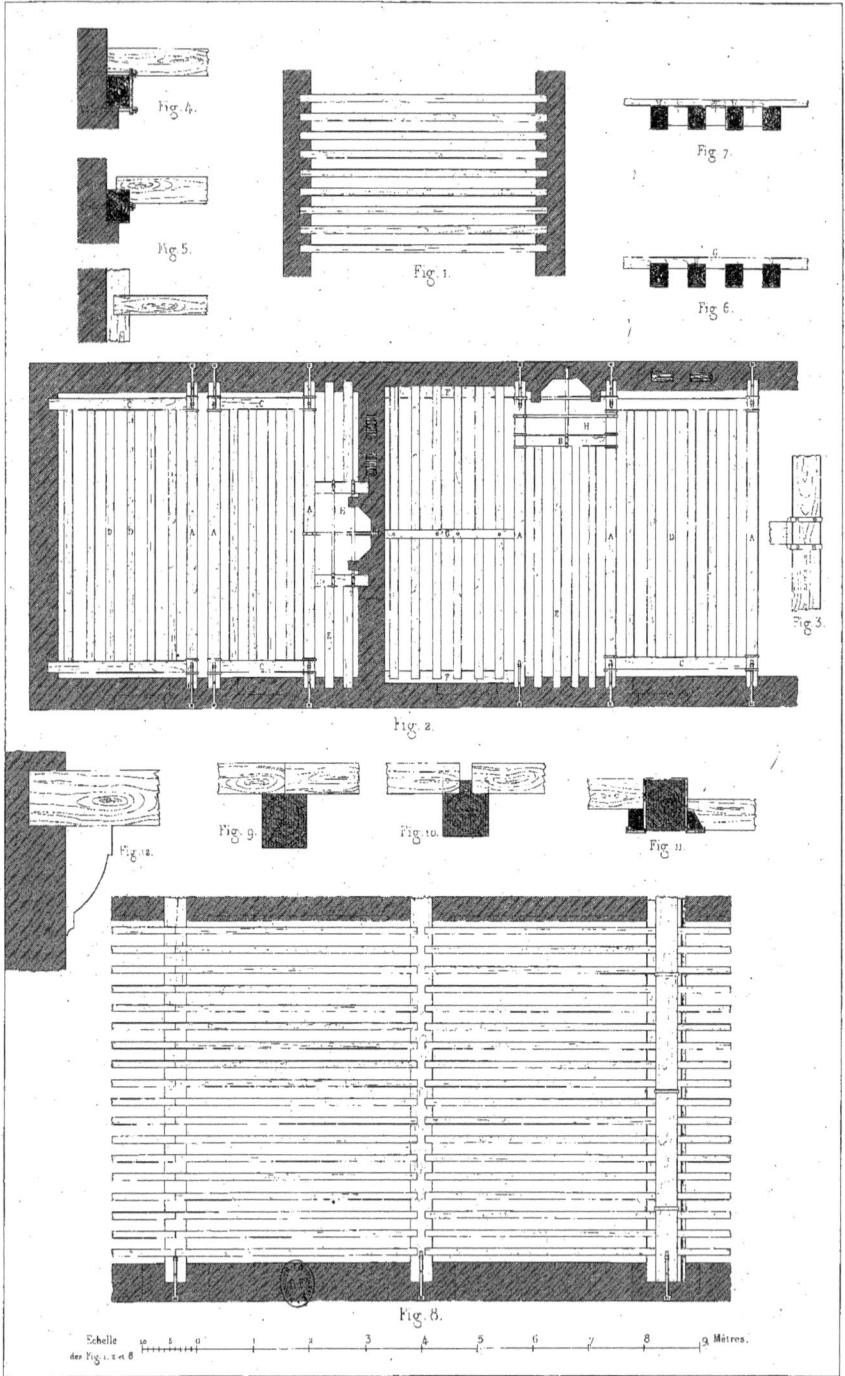

Fig. 4.

Fig. 5.

Fig. 1.

Fig 7.

Fig 6.

Fig 3.

Fig. 2.

Fig. 12.

Fig. 9.

Fig. 10.

Fig. 11.

Fig. 8.

PLANCHERS.

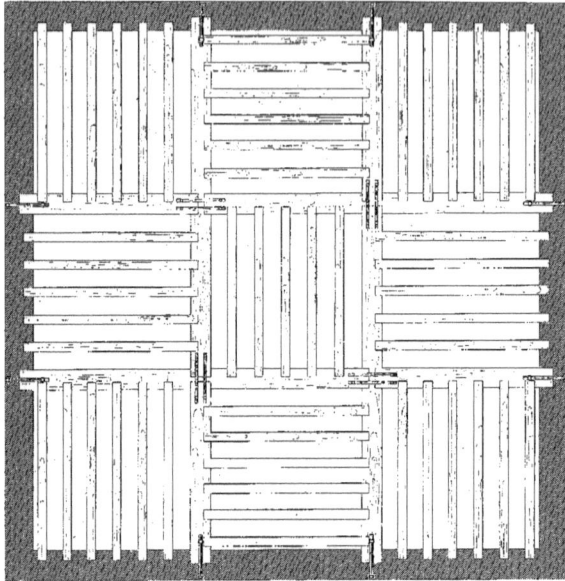

Fig. 1.

Fig 5.

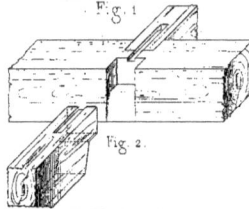

Fig. 2.

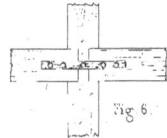

Fig 6.

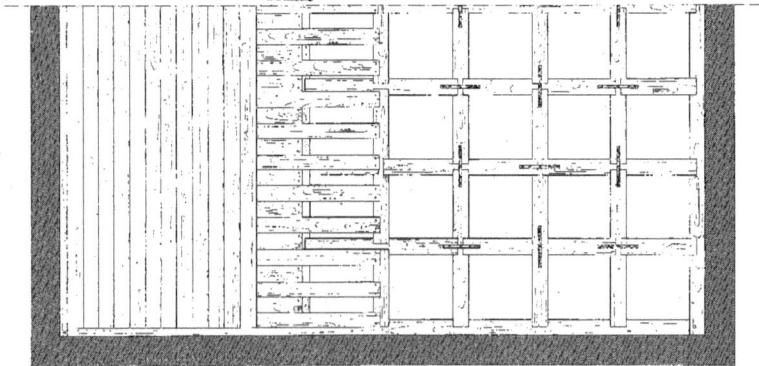

Fig. 3.

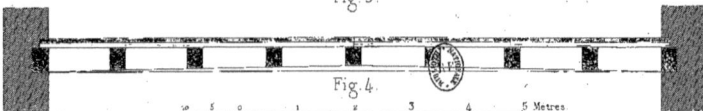

Fig. 4.

PLANCHERS.

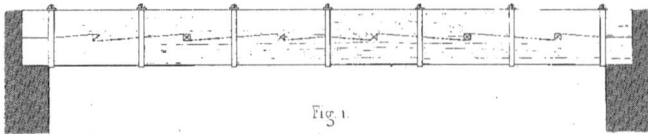

Fig. 1.

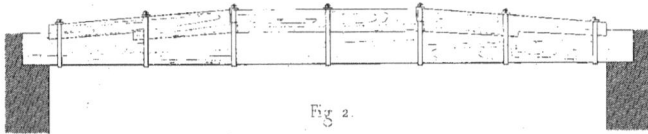

Fig. 2.

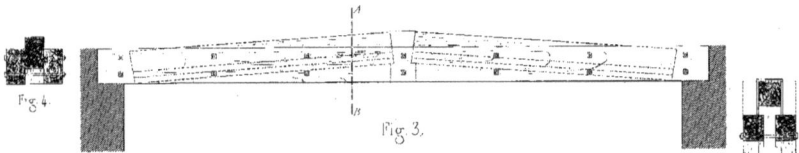

Fig. 4.

Fig. 3.

Fig. 6.

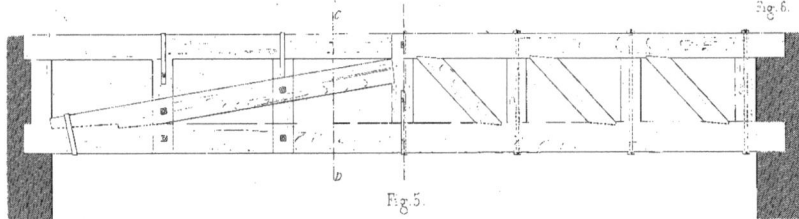

Fig. 5.

Fig. 7.

Fig. 8.

Fig. 9.

Fig. 10.

POUTRES ARMÉES ET PLANCHERS.

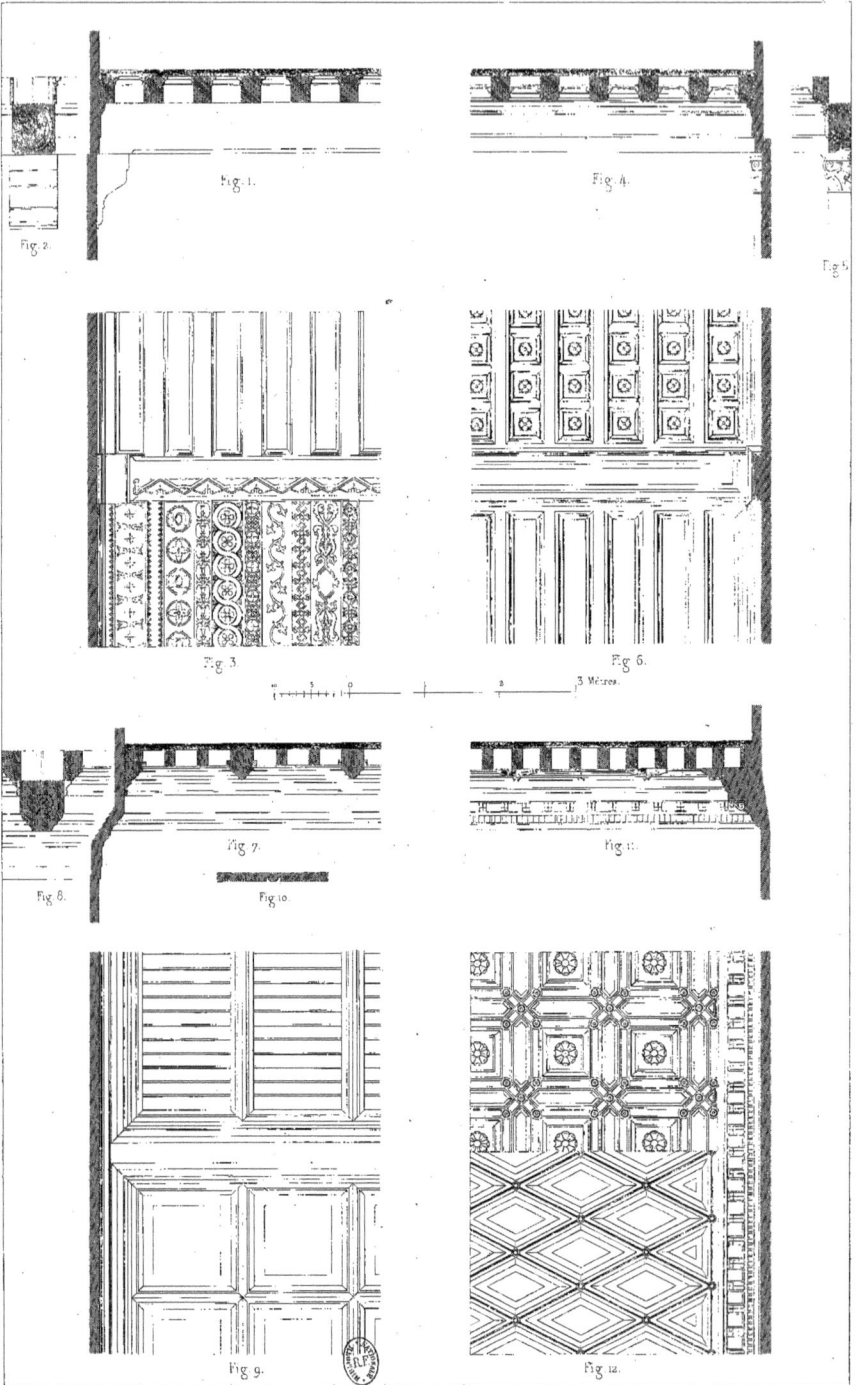

Fig. 1.

Fig. 2.

Fig. 4.

Fig. 5.

Fig. 3.

Fig. 6.

Fig. 7.

Fig. 8.

Fig. 10.

Fig. 11.

Fig. 9.

Fig. 12.

L. Roux sc.

DÉCORATION DES PLANCHERS.

Fig. 2.

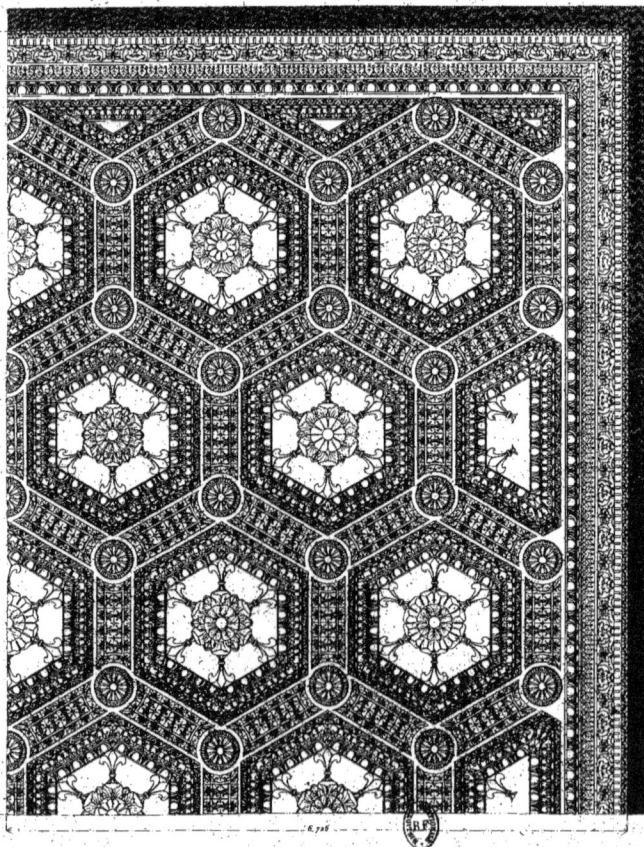

Fig. 1.

L. Roux sc.

PLAFOND DU PALAIS VIEUX A FLORENCE.

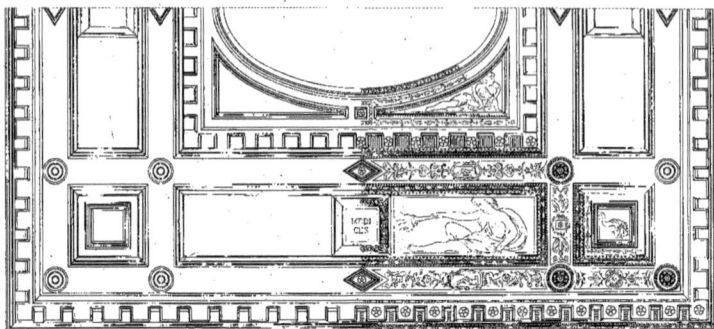

Fig. 1

Fig. 4.

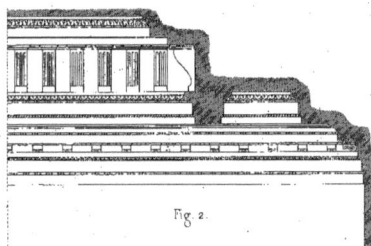

Fig. 2.

Fig. 3.

Gravé par J. Huguenet.

1. PLAFOND DU PALAIS VIEUX, A FLORENCE ___ 2. PLAFOND DU LOUVRE.

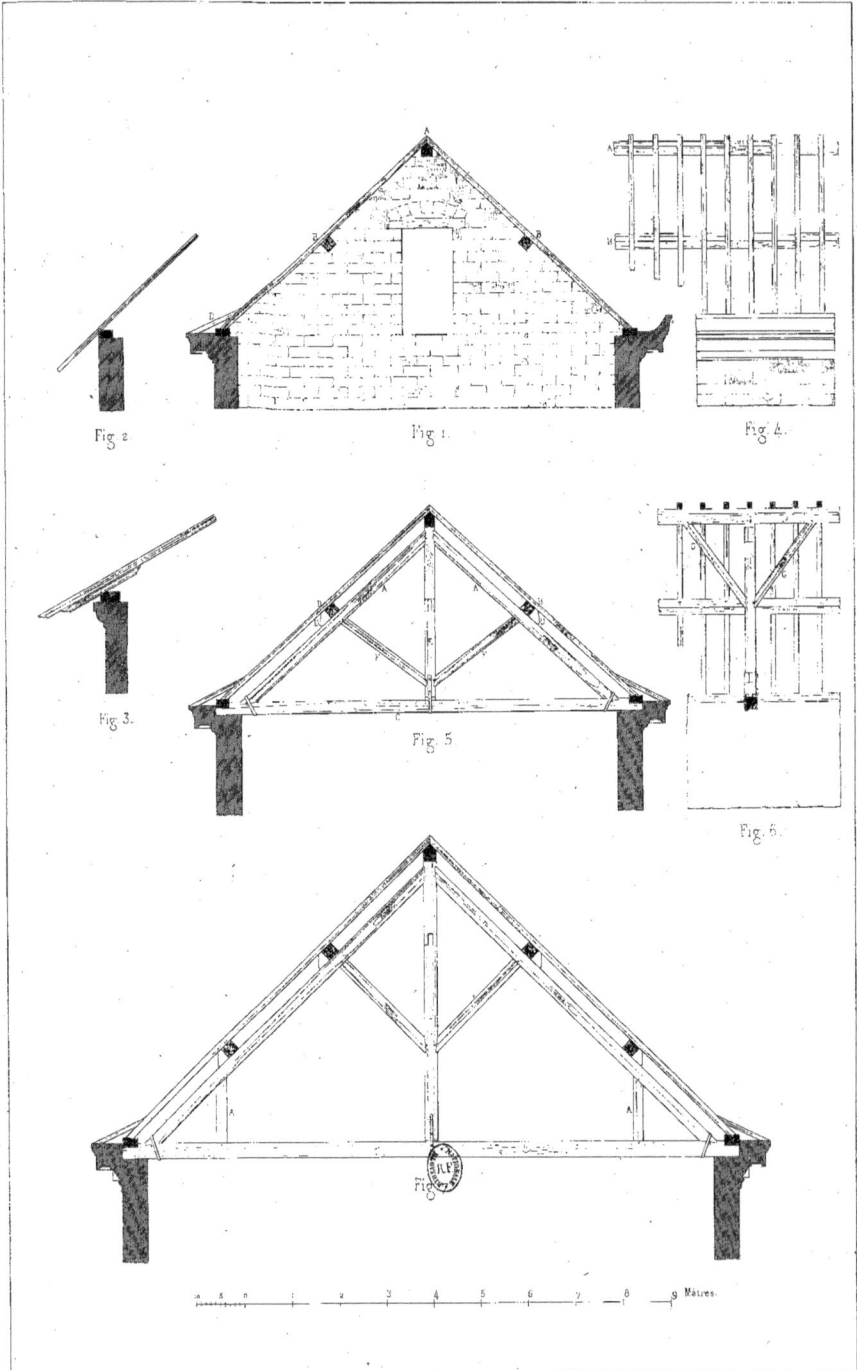

Fig 2.

Fig 1.

Fig 4.

Fig 3.

Fig 5.

Fig 6.

Fig 7.

FERMES EN CHARPENTE.

Fig 5

Fig. 1

Fig. 2

Fig. 4

Fig. 3

Mètres.

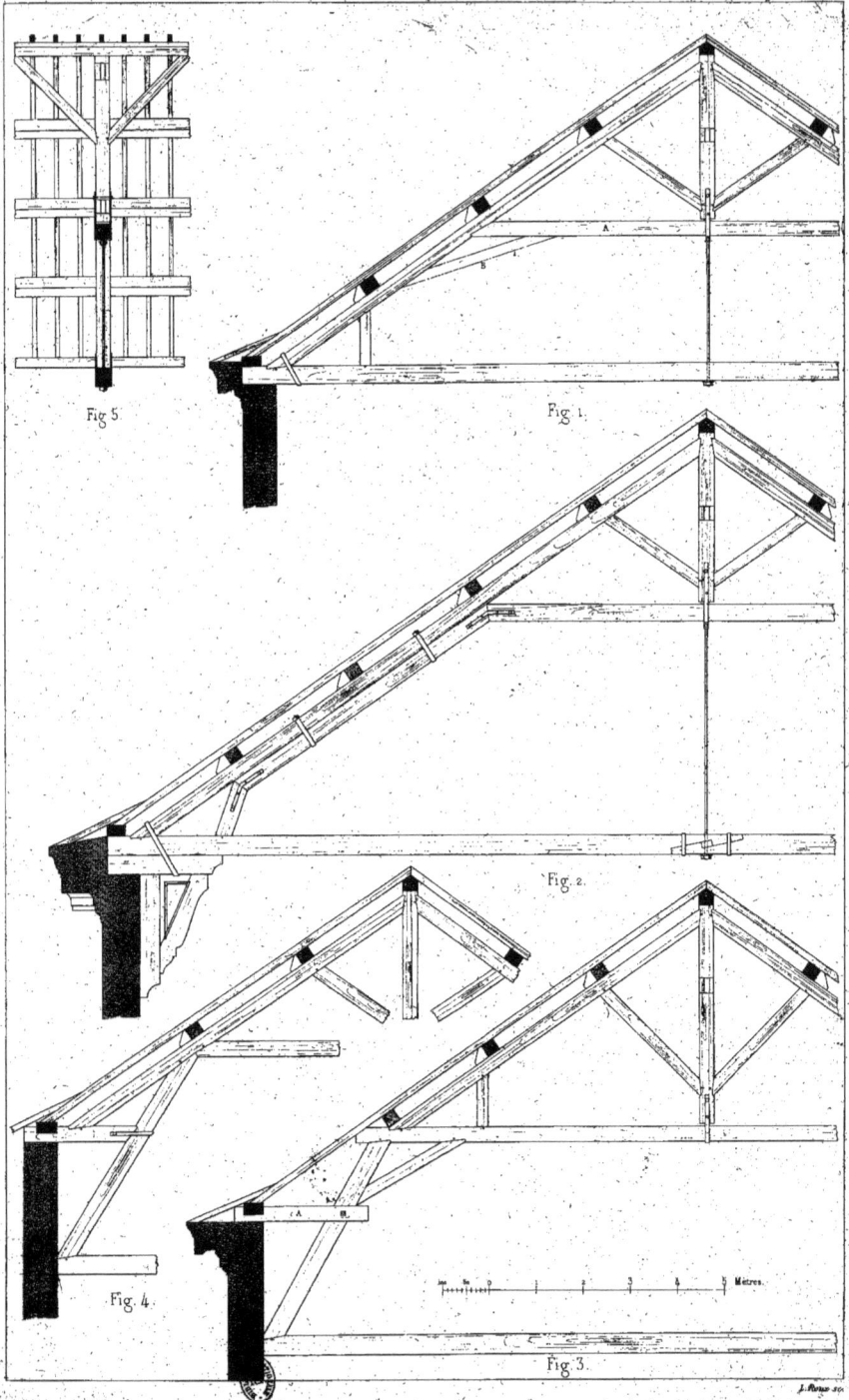

FERMES EN CHARPENTE.

L. Perrin sc.

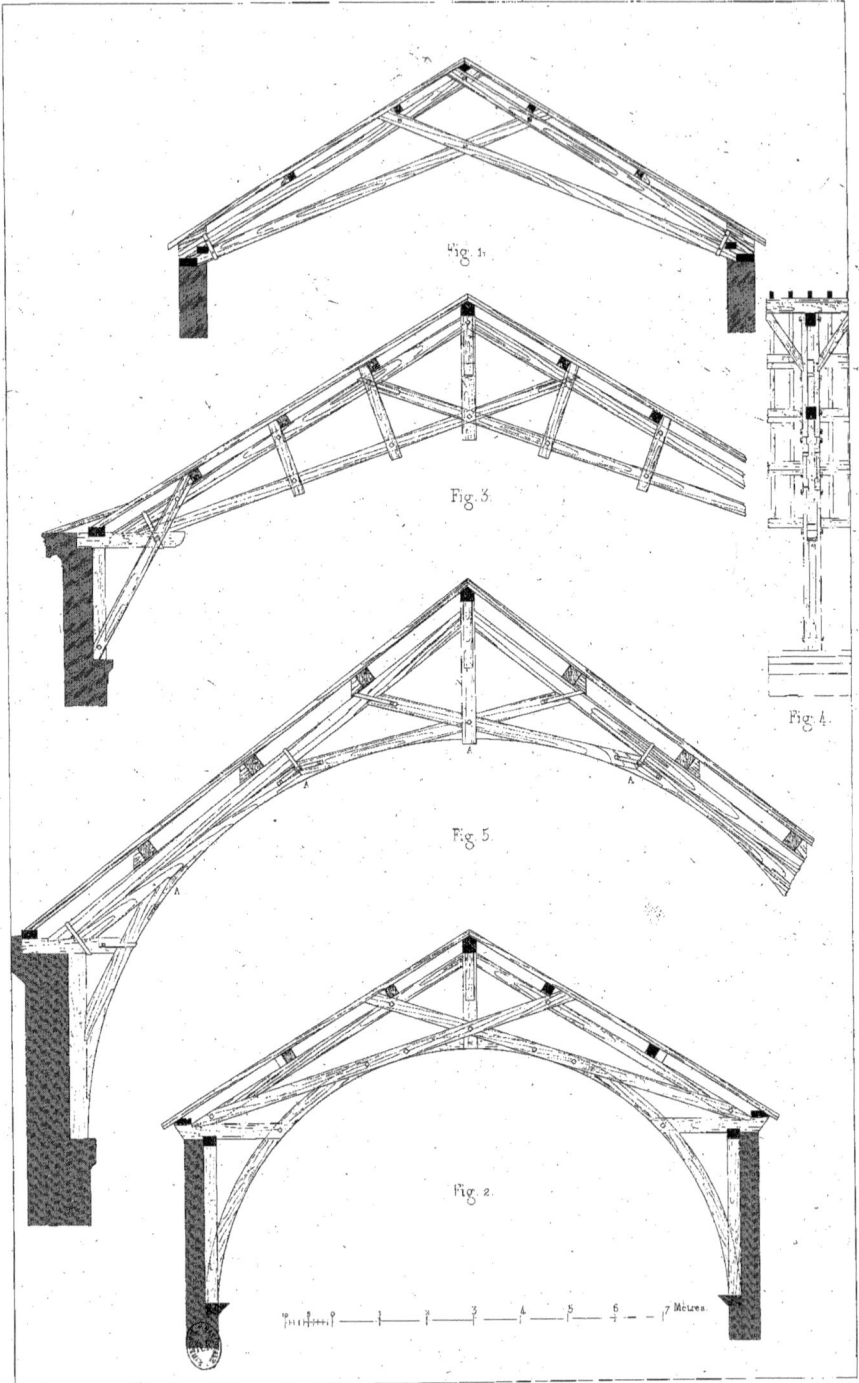

Fig. 1.

Fig. 3.

Fig. 4.

Fig. 5.

Fig. 2.

FERMES EN CHARPENTE.

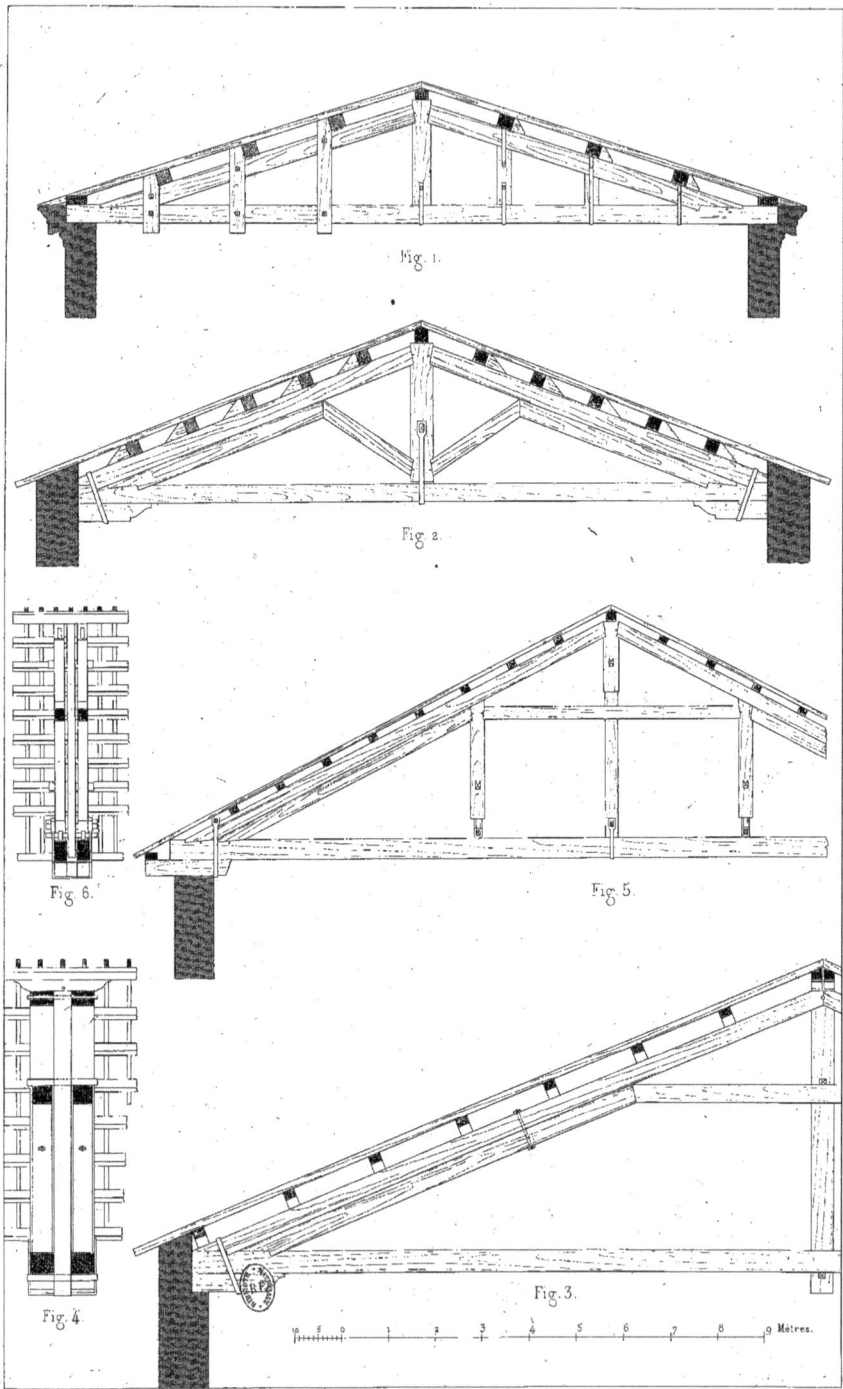

Fig. 1.

Fig. 2.

Fig. 6.

Fig. 5.

Fig. 4.

Fig. 3.

10 5 0   1   2   3   4   5   6   7   8   9 Mètres.

FERMES EN CHARPENTE.

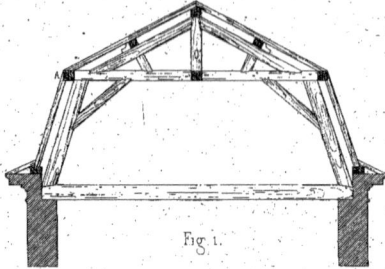

Fig. 1.

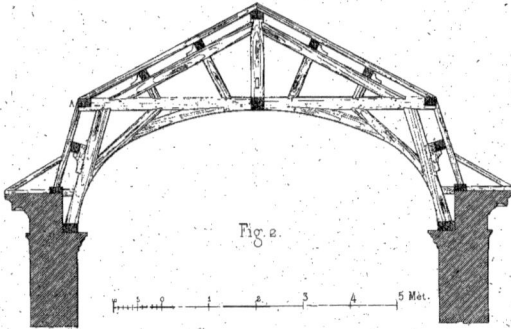

Fig. 2.

F|‖‖|‖|0‖‖|‖|‖|1‖‖‖‖‖2‖‖‖‖‖3‖‖‖‖‖4‖‖‖‖‖5 Mèt.

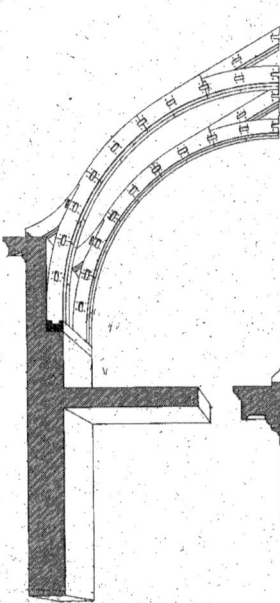

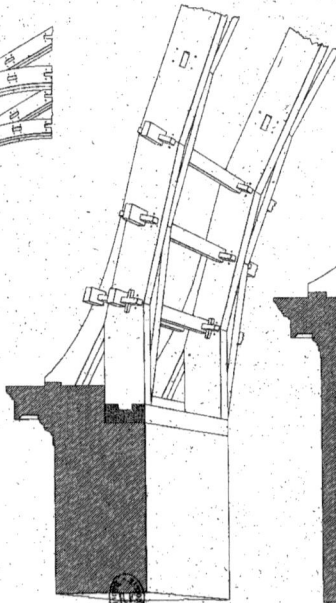

Fig. 4. Fig. 3. Fig. 5.

FERMES EN CHARPENTE.

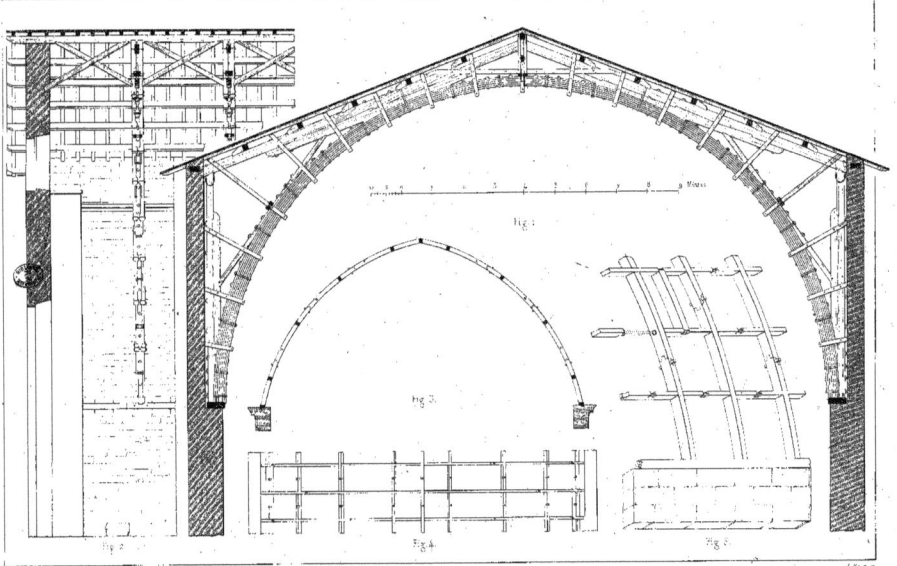

Fig. 1.

Fig. 3.

Fig. 2.

Fig. 4.

Fig. 5.

FERMES COURBES.

L. Paul sc.

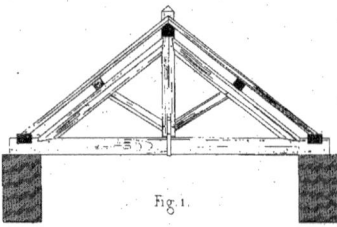

Fig. 1.

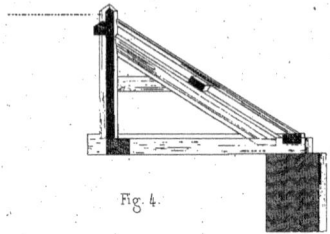

Fig. 4.

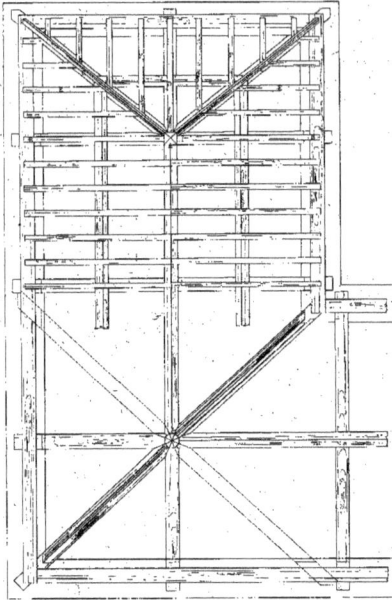

Fig. 2.

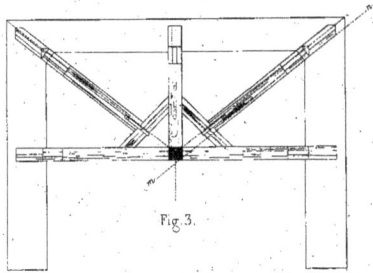

Fig. 3.

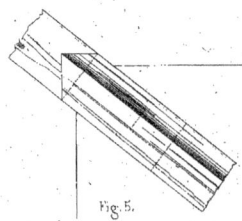

Fig. 5.

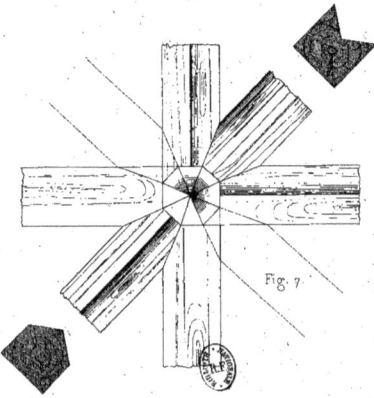

Fig. 7.

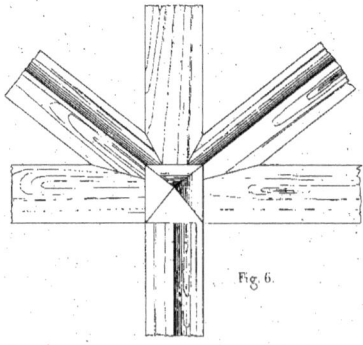

Fig. 6.

L. Roux sc.

CROUPES ET NOUES.

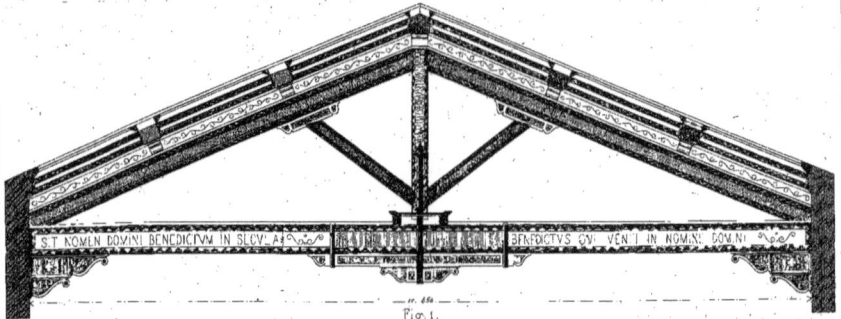

ST NOMEN DOMINI BENEDICTVM IN SECVLA · · · · · · · · · · · · · · · · · BENEDICTVS QVI VENIT IN NOMINE DOMINI

Fig. 1.

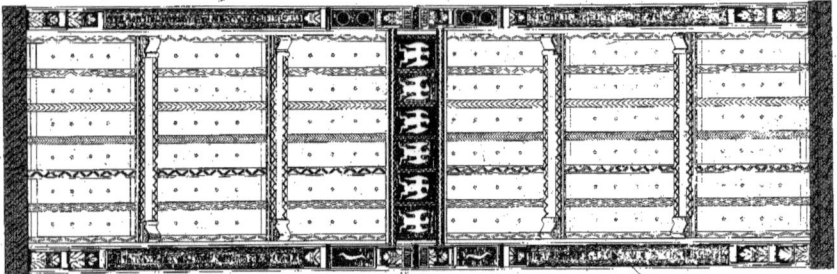

Fig. 2.

Echelle des Fig. 1 et 2. · · · · · · · · · · · 4 Mètres

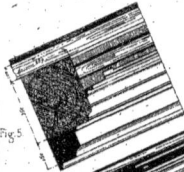

Fig. 5.

Fig. 6.

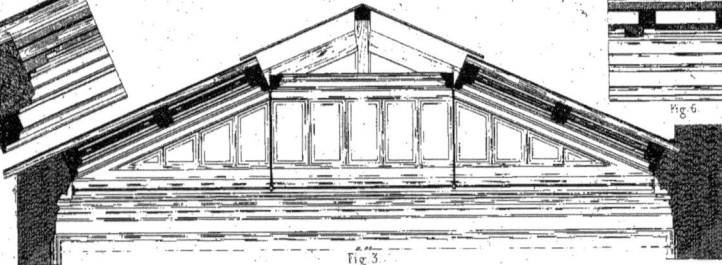

Fig. 3.

Fig. 4.

Echelle des Fig. 3 et 4. · · · · · · · · · · · · 10 Mètres

DÉCORATION DES FERMES

L. Rouau sc.

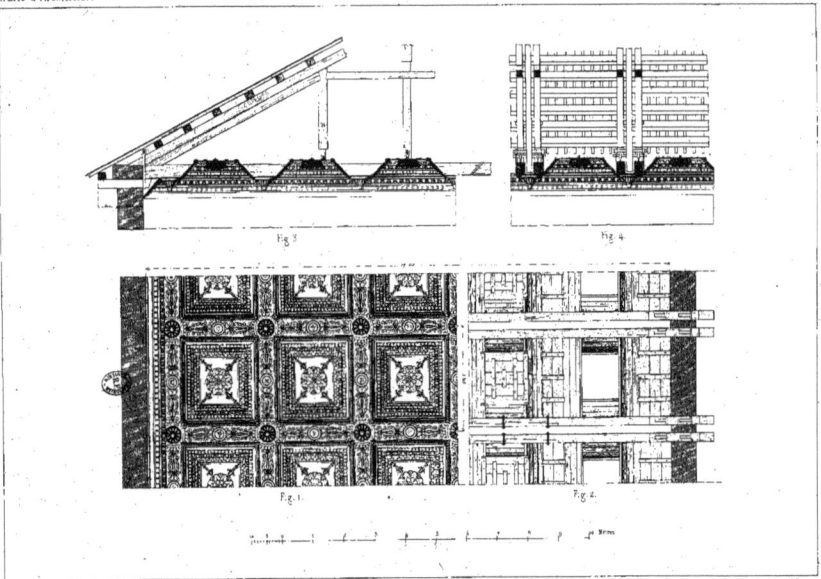

Fig. 3

Fig. 4

Fig. 1

Fig. 2

CHARPENTE DE Ste MARIE MAJEURE A ROME.

Fig. 10.

Fig. 3.

Fig. 11.

Fig. 1.

Fig. 2.

Fig. 4.

Fig. 5.

Fig. 15.

Fig. 8.

Fig. 9.

Fig. 7.

Fig. 12.

Fig. 13.

Fig. 14.

Fig. 6.

L. Rome sc.

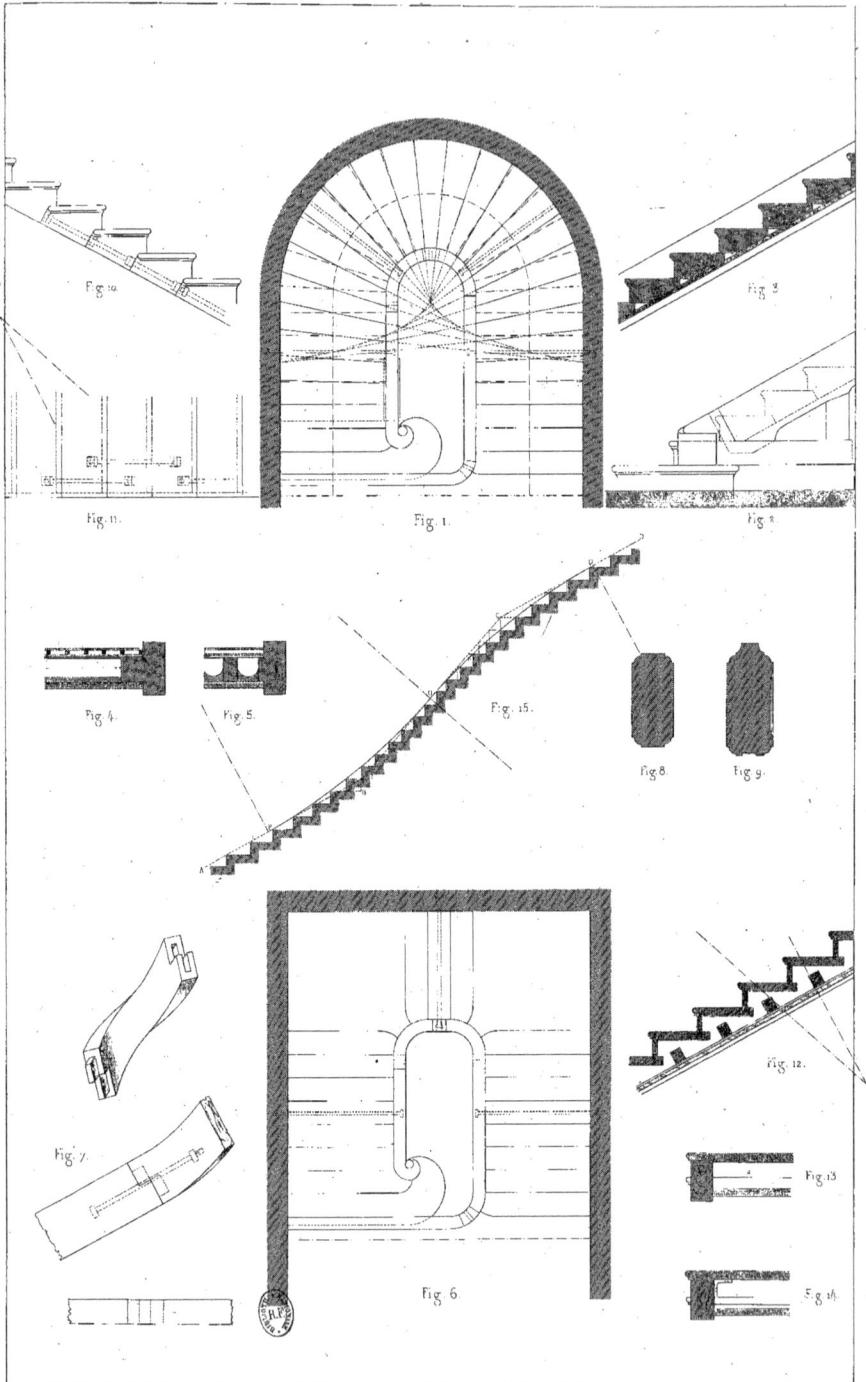

ESCALIERS EN BOIS.

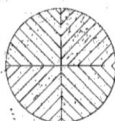

Fig 1.   Fig 2.   Fig 3.   Fig 4.   Fig 5.   Fig 6.

Fig 7.   Fig 8.   Fig 9.   Fig 10.   Fig 11.   Fig 12.

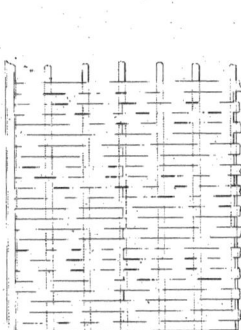

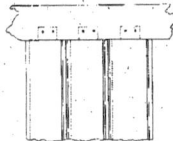

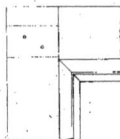

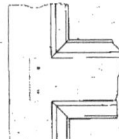

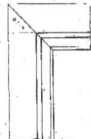

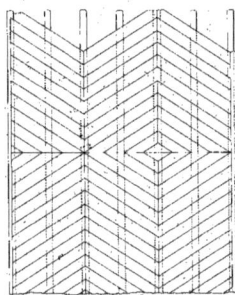

Fig 13.

Fig 15.

Fig 14.

Fig 16.

Fig 20.

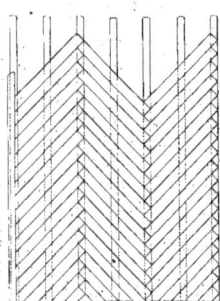

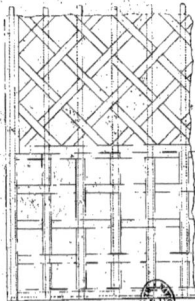

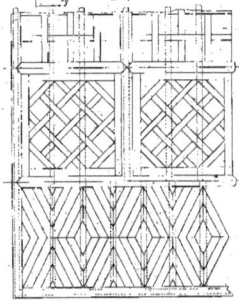

Fig 17.   Fig 18.   Fig 19.

ASSEMBLAGES DE MENUISERIE ET PARQUETS.

Fig. 1.

Fig. 4.

Fig. 2.

Fig. 3.

Fig. 5.

Fig. 6.

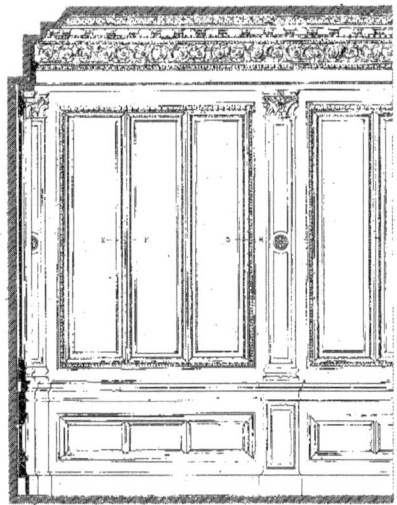

Fig. 7.

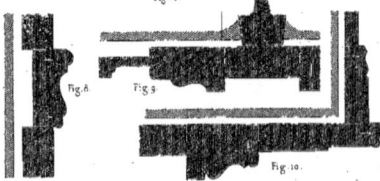

Fig. 8.   Fig. 9.

Fig. 10.

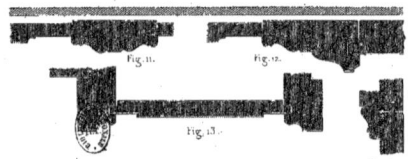

Fig. 11.   Fig. 12.

Fig. 13.

Fig. 14.

Échelle   des ensembles

des détails

Bihan sc.

LAMBRIS

Fig 2.   Fig 4.   Fig. 1.   Fig 3.   Fig 5.   Fig. 6.

Fig 8.   Fig 10.   Fig 7.   Fig 9.   Fig. 11.

Fig 13.   Fig 14.   Fig 12.   Fig 15.

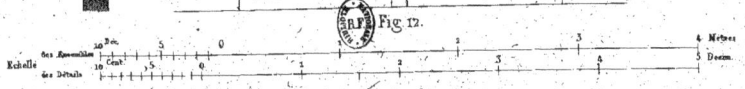

Echelle des Ensembles / des Détails

PORTES EN MENUISERIE.

Fig. 2

Fig. 3.

Fig. 4.

Fig. 1.

Fig. 5.

Fig. 6.

Fig. 7.

Fig. 14.

Fig. 9.

Fig. 11.

Fig. 12.

Fig. 10.

Fig. 8.

Fig. 13.

Echelle des Ensembles
des détails

CHASSIS VITRÉS.

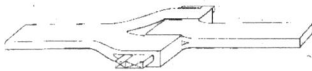

Fig. 1.

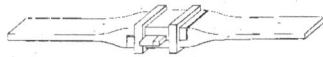

Fig. 2.

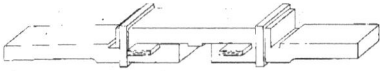

Fig. 3.

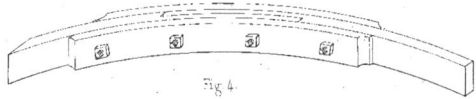

Fig. 4.

Fig. 5.

Fig. 6.

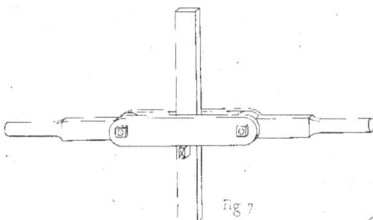

Fig. 7

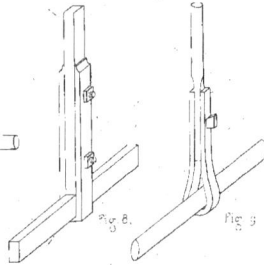

Fig. 8.

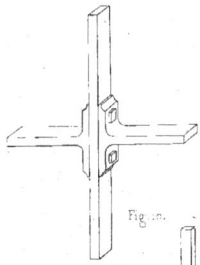

Fig. 9.

Fig. 10.

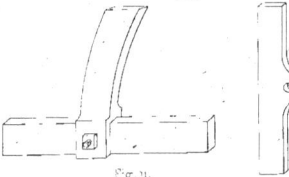

Fig. 11.

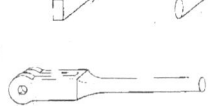

Fig. 12.

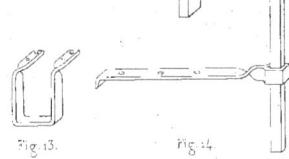

Fig. 13.

Fig. 14.

Fig. 15.

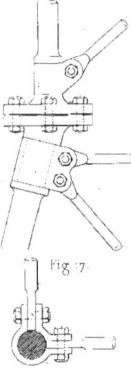

Fig. 17.

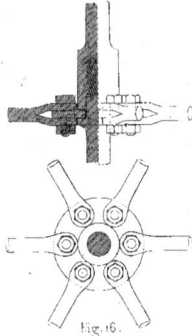

Fig. 16.

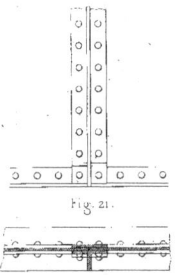

Fig. 21.

Fig. 23.

Fig. 22.

Fig. 24.

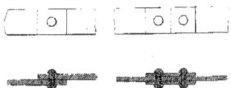

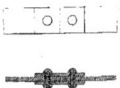

Fig. 18.

Fig. 19.

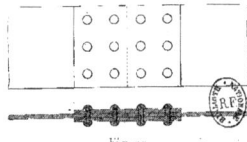

Fig. 20.

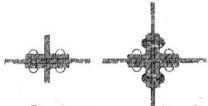

Fig. 25.

Fig. 26.

ASSEMBLAGES DE FERRONNERIE.

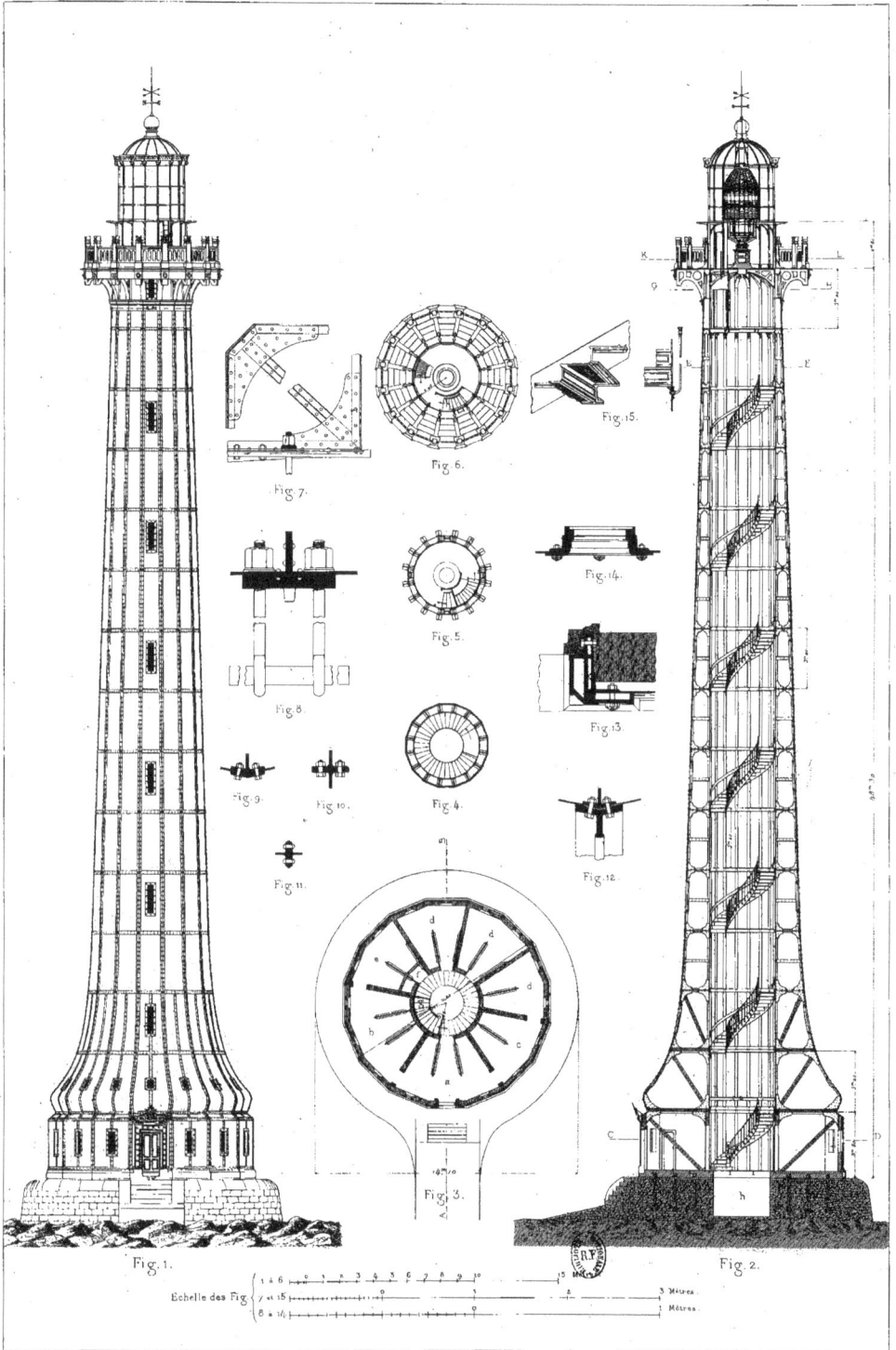

Fig. 1.

Fig. 7.

Fig. 6.

Fig. 15.

Fig. 8.

Fig. 5.

Fig. 14.

Fig. 13.

Fig. 9.

Fig. 10.

Fig. 4.

Fig. 12.

Fig. 11.

Fig. 3.

Fig. 2.

Echelle des Fig.

3 Mètres.

1 Mètres.

E. Lebel sc.

PHARE DES ROCHES-DOUVRES.

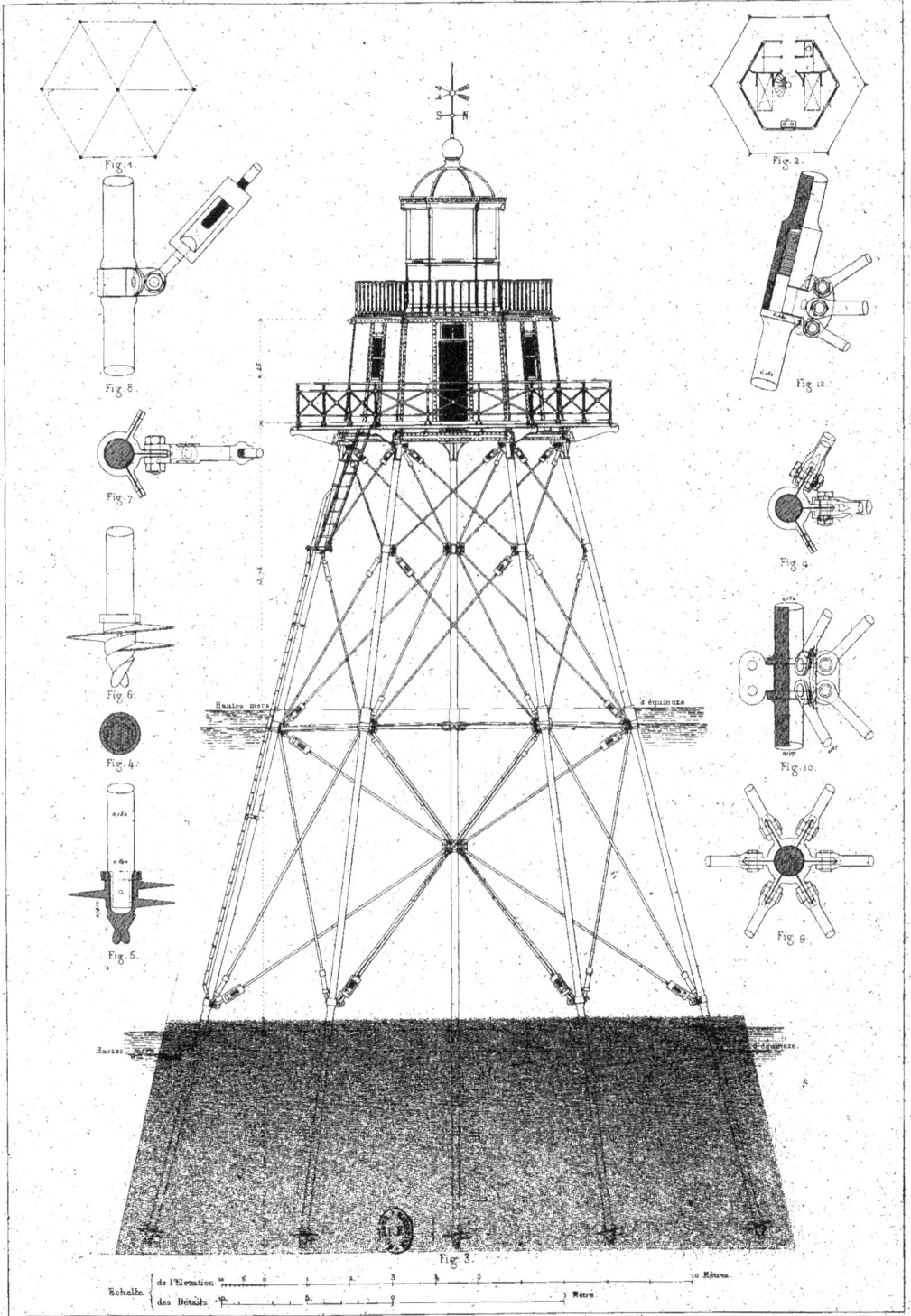

Fig. 1.

Fig. 2.

Fig. 8.

Fig. 12.

Fig. 7.

Fig. 4.

Fig. 6.

Fig. 10.

Fig. 4.

Fig. 5.

Fig. 9.

Hautes mers   d'équinoxe

Basses mers   d'équinoxe

Fig. 3.

Echelle { de l'Elévation   10 Mètres.
         { des Détails   Mètre.

PHARE DE WALDE

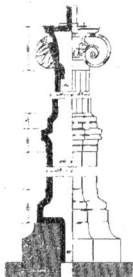

Fig. 3.

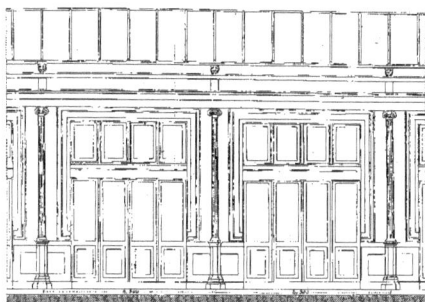

Fig. 1.

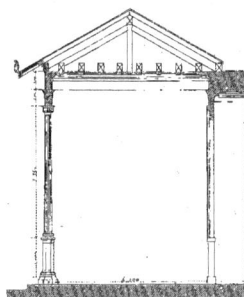

Fig. 2.

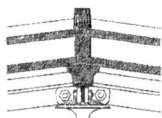

Fig. 9.

Fig. 8.

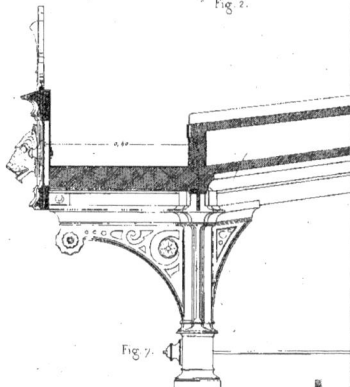

Fig. 7.

Fig. 6.

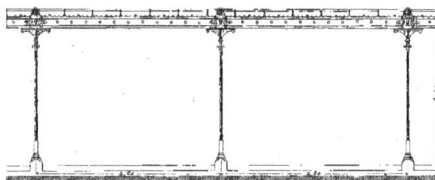

Fig. 4.

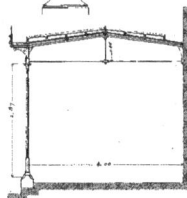

Fig. 5.

Fig. 10.

Fig. 11.

Fig. 17.

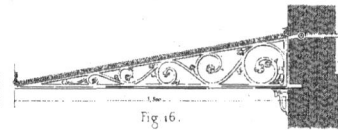

Fig. 16.

Fig. 12.

Fig. 13.

Fig. 14.

Fig. 15.

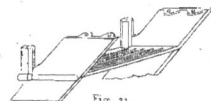

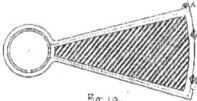

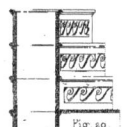

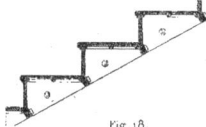

Fig. 21.

Fig. 22.

Fig. 19.

Fig. 20.

Fig. 18.

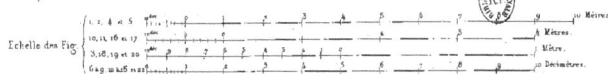

Echelle des Fig.

1, 2, 4 et 5 ....　10 Mètres.
10, 11, 16 et 17 ....　4 Mètres.
3, 18, 19 et 20 ....　1 Mètre.
6, 9, 22 et 15 ....　10 Décimètres.

CONSTRUCTIONS EN FER.

Hibon sc.

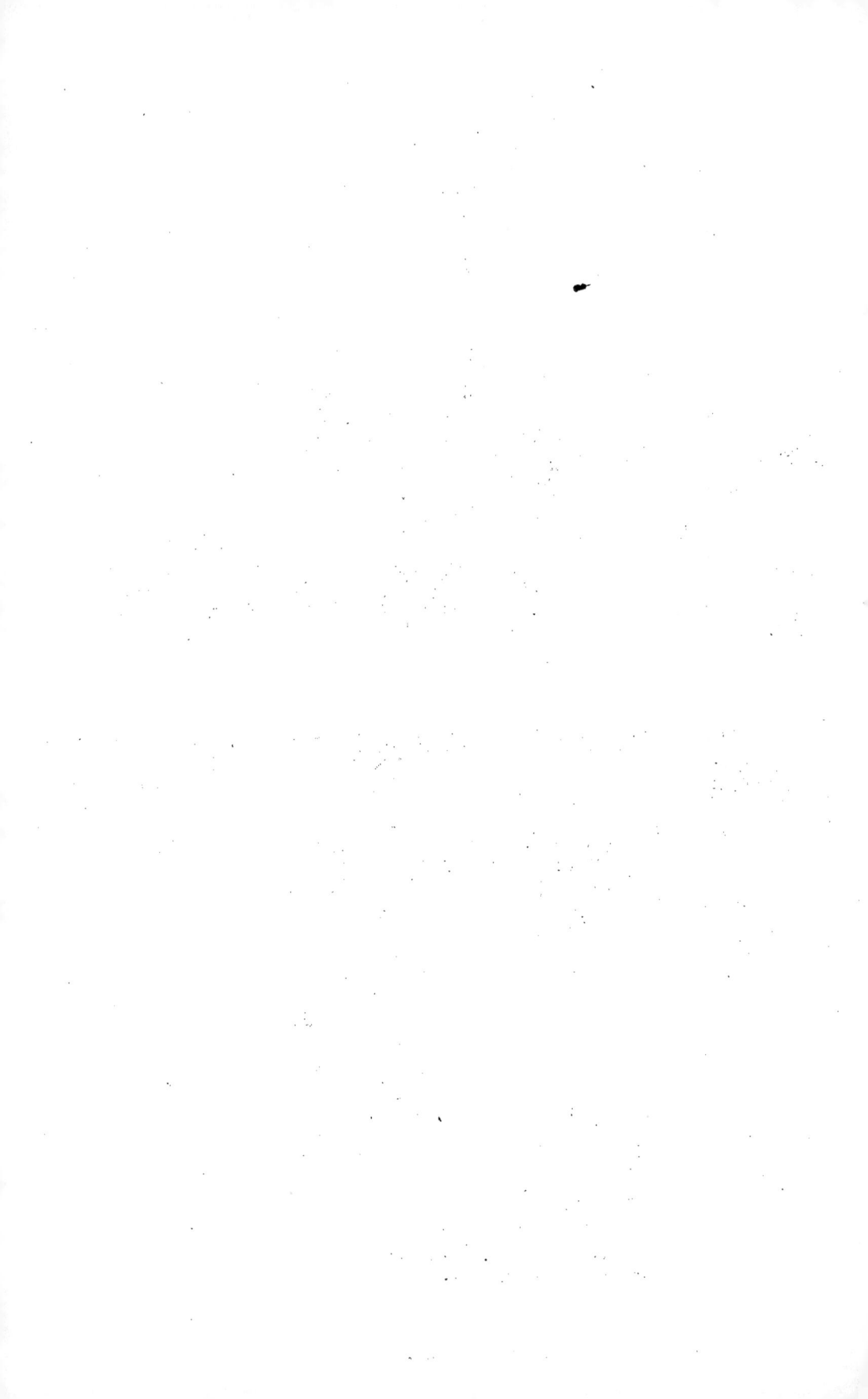

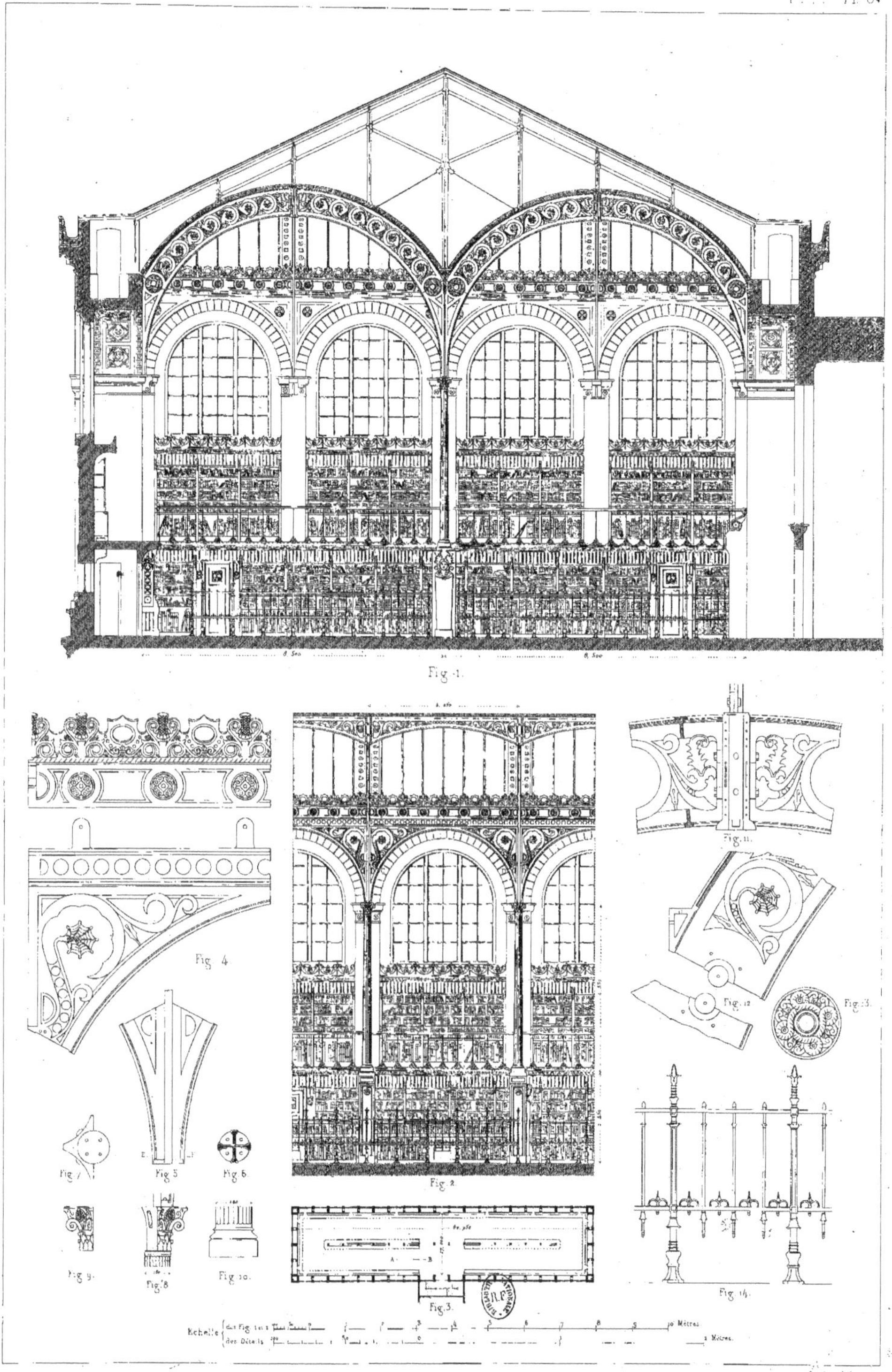

Fig. 1.

Fig 4

Fig 7   Fig 5   Fig 6

Fig 9   Fig 8   Fig 10.

Fig. 2.

Fig. 3.

Fig. 11.

Fig. 12.   Fig. 13.

Fig 14.

Echelle { des Fig. 1 et 2 Plan Echelle ___ ... ___ ... ___ 10 Mètres
         { des Détails ___ ... ___ ... ___ 1 Mètres.

BIBLIOTHÈQUE Ste GENEVIÈVE.

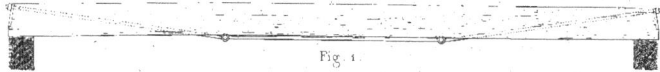
Fig. 1.

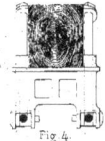
Fig. 2.

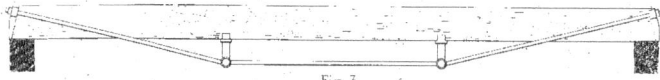
Fig. 3.

Fig. 4.

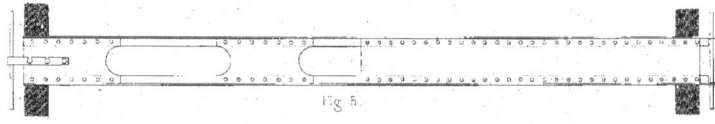
Fig. 5.

Fig. 6.

Fig. 32.

Fig. 7. Fig. 8. Fig. 9.

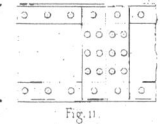
Fig. 10. Fig. 11.

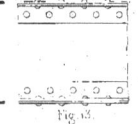
Fig. 12. Fig. 13.

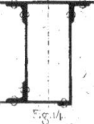
Fig. 14.

Fig. 15.

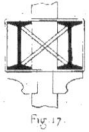
Fig. 17.

Fig. 16.

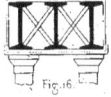
Fig. 18.

Fig. 19. Fig. 20. Fig. 21.

Fig. 22.

Fig. 25.

Fig. 23.

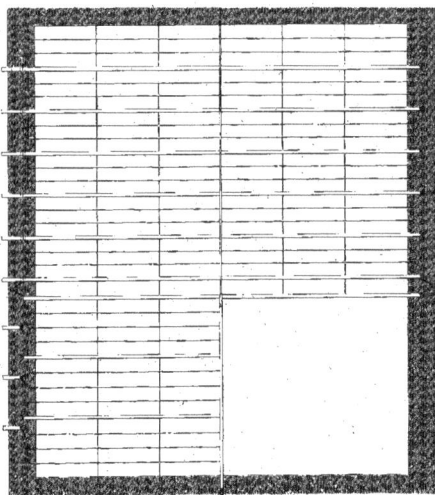
Fig. 24.

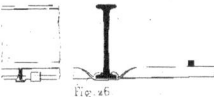
Fig. 26.

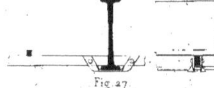
Fig. 27.

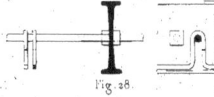
Fig. 28.

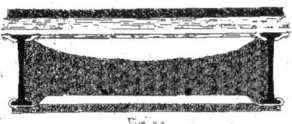
Fig. 29.

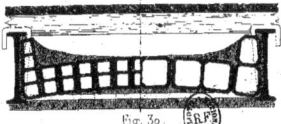
Fig. 30.

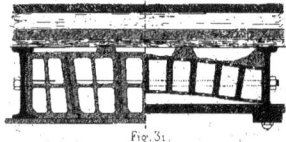
Fig. 31.

E. Lebel sc.

PLANCHERS EN FER.

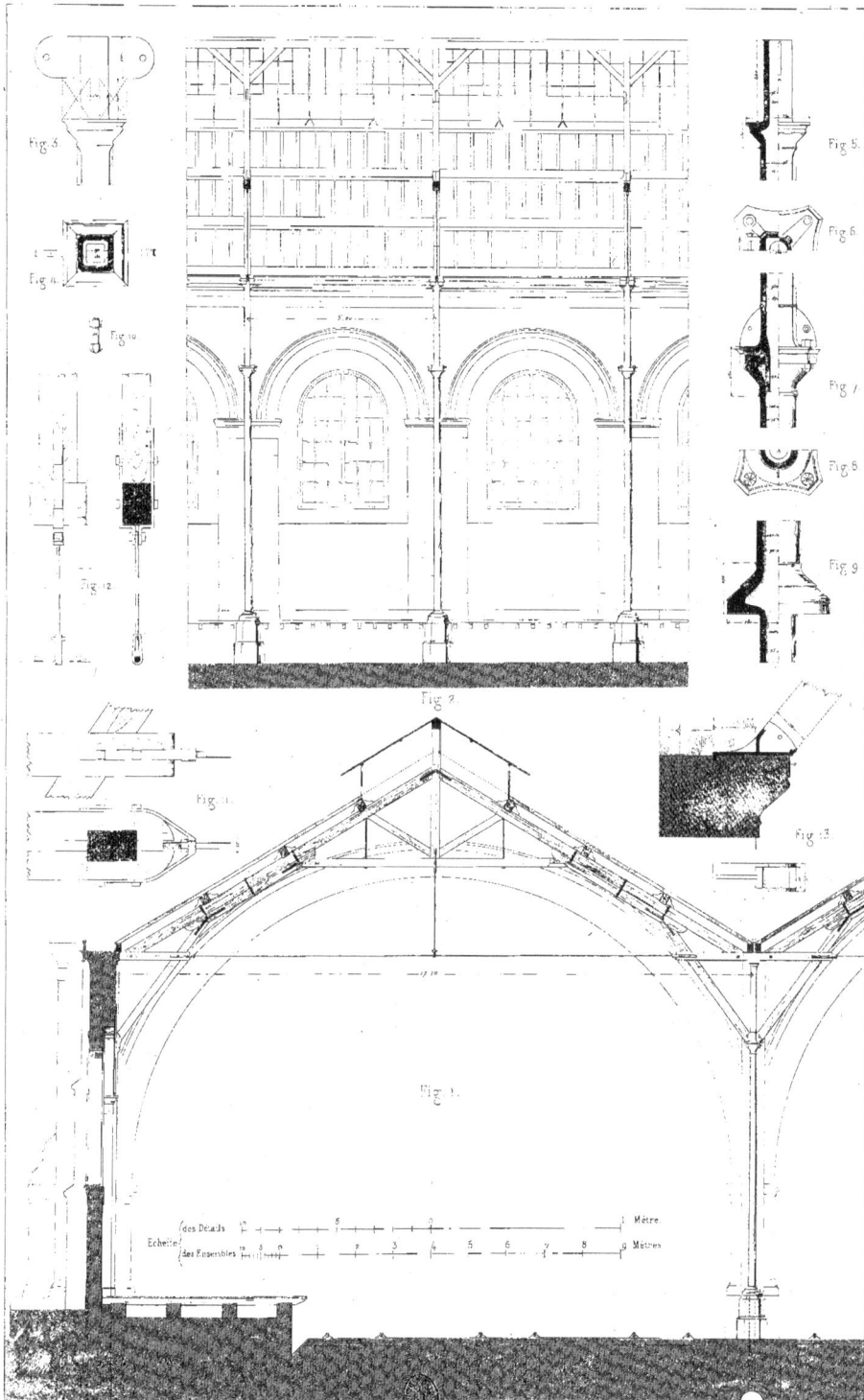

Fig 6.

Fig 4.

Fig 10.

Fig 12.

Fig 5.

Fig 6.

Fig 7.

Fig 8.

Fig 9.

Fig 2.

Fig 11.

Fig 13.

Fig 1.

Échelle { des Détails ......

{ des Ensembles ......

Mètre.

Métres.

FERME EN BOIS ET FER.

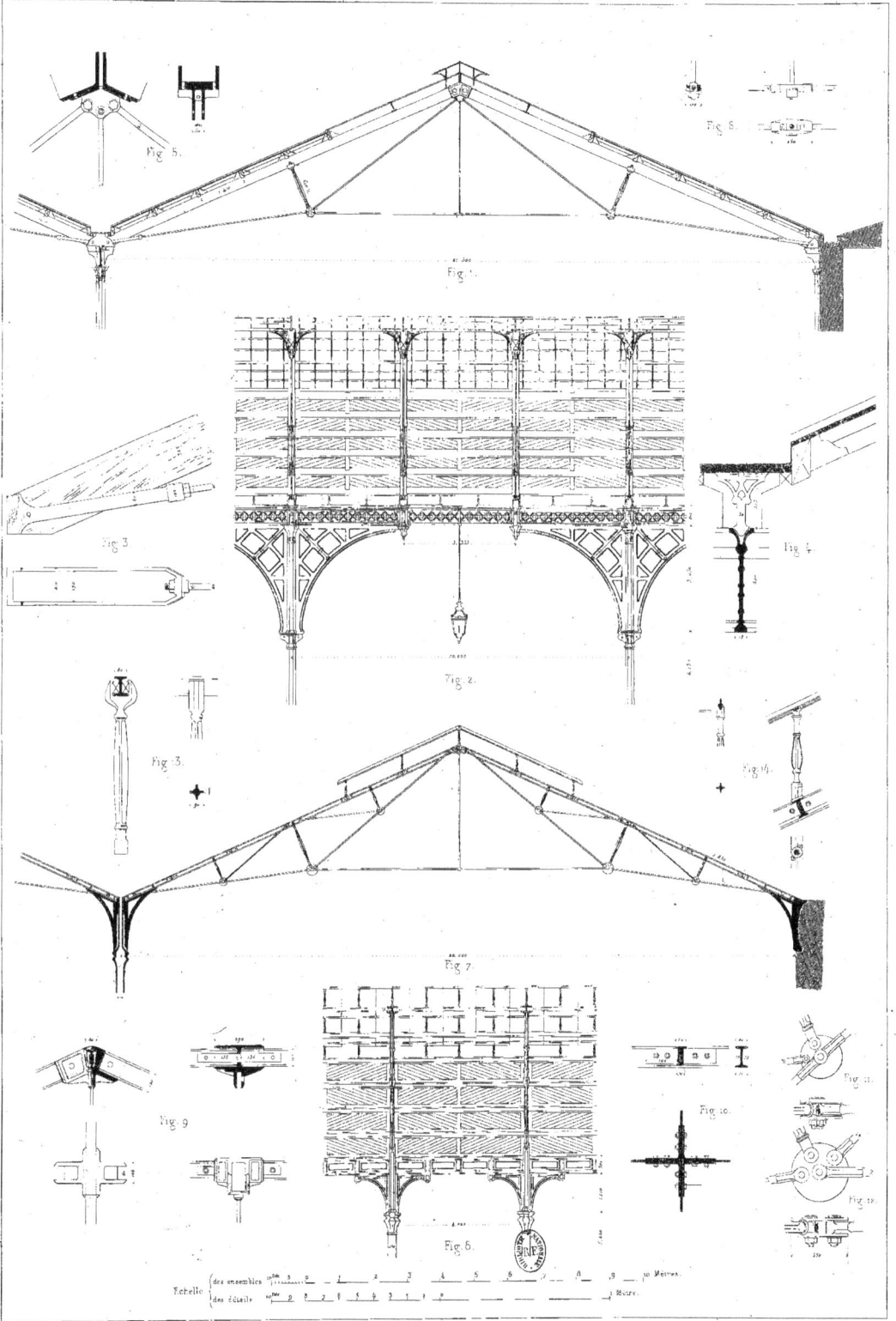

Fig. 5.

Fig. 6.

Fig. 1.

Fig. 3

Fig. 4.

Fig. 2.

Fig. 3.

Fig. 4.

Fig. 7.

Fig. 9.

Fig. 10.

Fig. 11.

Fig. 8.

Fig. 12.

Echelle
des ensembles
des détails

FERMES EN FER.

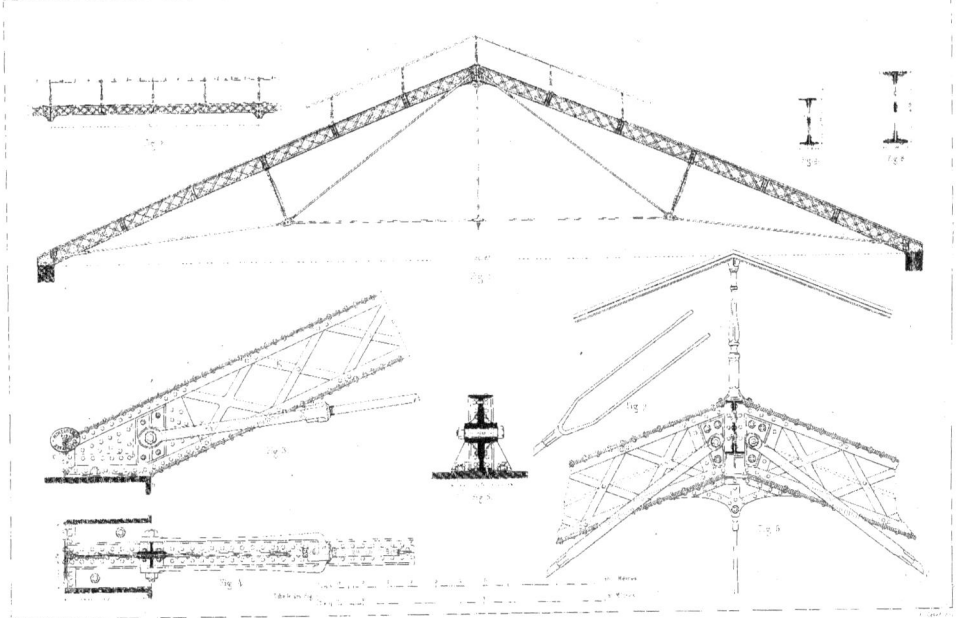

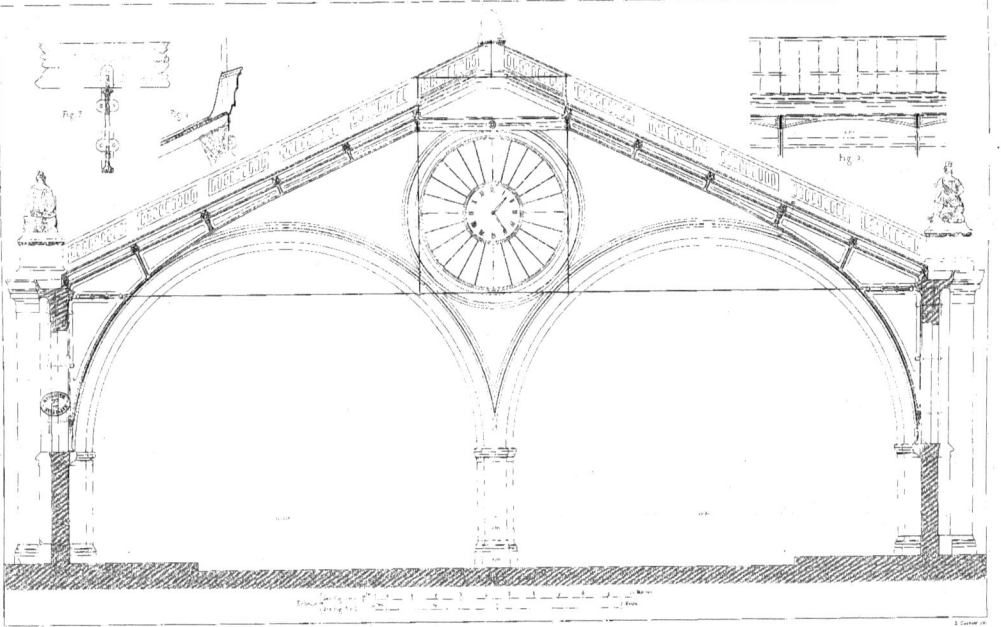

SERRE EN FONTE

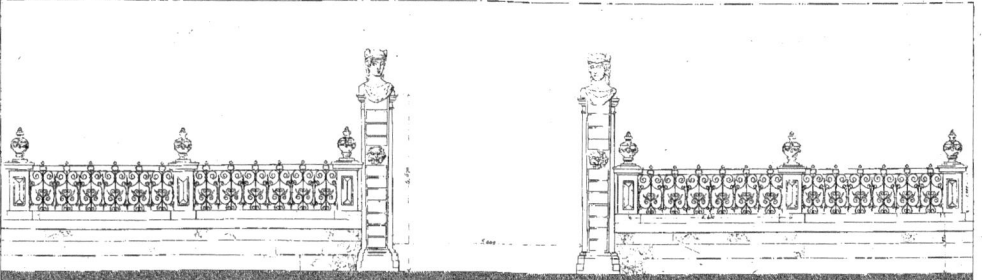

Fig. 1.

Fig. 2.

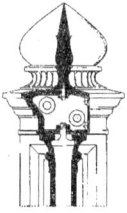

Fig. 9.

Fig. 8.

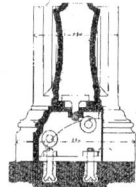

Fig. 10.

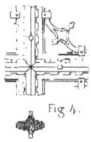

Fig. 4.

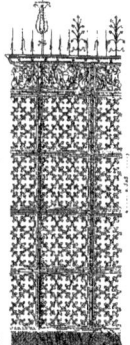

Fig. 3.

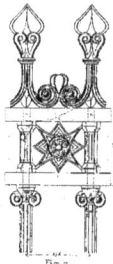

Fig. 7.

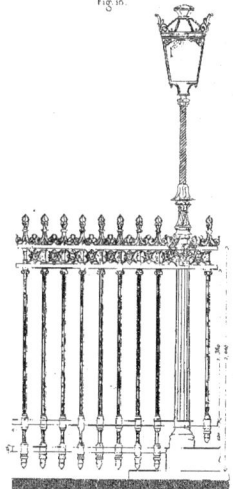

Fig. 6.

Fig. 5.

Echelle

Imp. Bineord à Paris.

GRILLES EN FER.

www.ingramcontent.com/pod-product-compliance
Lightning Source LLC
Chambersburg PA
CBHW070414090426
42733CB00009B/1660